돈빨 받는 6가지
라이브 커머스 시크릿 노트

월 1,000만 원, 성공하는 1인 셀러가 되기 위한

돈빨 받는 6가지 라이브 커머스 시크릿 노트

육은혜 지음

매일경제신문사

프롤로그

세상에서 변하지 않는 것은 없다. 단지 그 변화의 때가 급하게 다가오는지, 천천히 다가오는지, 준비된 상황에서 맞이했는지, 준비되지 않은 상황에서 맞이했는지의 차이만 있을 뿐이다. 접촉만으로도 감염이 되는 코로나19 바이러스로 인해 우리의 생활은 급격하게 변화하고 있다. 거스를 수 없는 시대의 흐름인 언택트 시대 속에서 의식주는 물론이고, 라이프 스타일까지 온라인의 형태로 빠르게 변화하고 발전하고 있다. 특히, 이커머스는 대형 플랫폼과 오픈 마켓, 소셜 커머스를 중심으로 한 단계 더 진화해 라이브 커머스의 시대를 열었다.

이제 세상이 라이브 커머스를 주목하고 있다. 주목하고 있는 만큼 도전하는 사람도 많다. 라이브 커머스는 특별한 방송 장비와 스튜디오가 없어도 집, 야외, 농장, 바다 등 내가 원하는 곳에서 스마트폰만으로도 실시간 방송이 가능하다. 그렇기 때문에 오히려 '뭐, 한번 해보지!'라는 가벼운 마음으로 플랫폼의 특성이나 제품의 셀링 포인트조차 파악하지 못한 채 의욕만 가지고 도전했다가 고객에게 외면받고 라이브 커머스를 포기해버리는 경우도 많다.

반대로 라이브 커머스의 성장성을 알고 당장 도전하고 싶지만, 어디서부터 어떻게 시작해야 할지 몰라 막연함을 느끼고 시도조차 하지 못한 채 생각만 하고 계시는 분들도 많다. 이런 분들을 위해서 모바일 쇼호스트로 활동하며 겪었던 어려웠던 점과 라이브 커머스 강사로 활동하며 강의를 들으시는 분들이 부딪히는 어려운 점을 바탕으로 해법을 고민해보았다. 그리고 이 책에 그 가이드를 제시해두었다.

《돈빨 받는 6가지 라이브 커머스 시크릿 노트》는 라이브 커머스 시작 단계부터 마무리 단계까지 총 6장에 걸쳐 모든 것을 쉽고 실질적으로 도움이 될 수 있게 담아냈다.

제1장은 라이브 커머스를 왜 당장 시작해야 하는지 설명한다. 또 고수익을 부르는 퍼스널브랜딩, 자신의 부캐를 찾아 N잡러가 되는 법, 세계 라이브 커머스 시장의 폭발적인 성장 흐름에 대해 이야기한다.

제2장은 고객의 마음을 사로잡는 방법을 소개한다. 잘 팔리는 제품을 고르는 방법부터 상대의 마음을 훔치는 제안서를 만드는 방법, 꼭 필요한 SNS 마케팅, 고객의 마음을 움직이는 서비스 기술 등이 나온다.

제3장은 라이브 커머스 방송을 하기 위한 상세한 방법을 전한다. 방송에 필요한 장비와 방송 전후 체크해야 하는 사항, 큐시트 만드는 꿀팁, 눈길을 사로잡는 제품 세팅 법, 판매가 잘되는 구성과 가격 설정 등 프로페셔널하게 방송할 수 있는 비법을 모았다.

제4장은 지피지기면 백배 매출이 가능한 제품별 셀링 포인트를 공개한다. '제품을 판매할 때 어떤 말을 해야 할까?', '어떤 것부터 설명해야 할까?', '어떻게 제품을 보여줘야 할까?' 등 제품을 판매할 때 핵심이 되는 노하우를 아낌없이 담았다.

제5장은 라이브 커머스 플랫폼을 소개한다. 네이버 쇼핑 라이

브, 쿠팡, 카카오 쇼핑 라이브, 그립, 티몬 라이브, 배민 라이브의 특징과 차이점, 플랫폼의 이용 가이드를 실었다. 이 가이드를 통해 자신에게 맞는 라이브 커머스 플랫폼을 선택할 수 있는 방법을 정리했다.

제6장은 라이브 커머스를 시작할 때 셀러가 갖추면 좋은 무기를 제시한다. 호감 가는 이미지를 만드는 퍼스널 컬러, 안정된 방송용 목소리를 만드는 방법이 나온다. 그리고 방송이 술술 풀리는 오프닝을 만드는 방법, 셀러가 가져야 할 철저한 마인드를 담았다.

부디 이 책이 많은 독자분에게 좋은 안내서가 되었으면 좋겠다. 라이브 커머스를 준비하는 과정부터 최고의 셀러가 될 때까지, 막막할 때면 언제든지 펼쳐볼 수 있는 나만의 시크릿 노트가 되길 바란다. 한 번만 읽고 마는 책이 아닌, 독자분의 손때가 묻을 만큼 읽고 쓸 수 있는 가치 있는 책으로 남고 싶다.

이 책이 출간되기까지 많은 분들의 도움이 있었다. 이 지면을 빌어서 감사 인사를 전하고 싶다. 항상 내 꿈을 지지해주고 나를 믿어

주는 내 인생 최고의 아군인 남편에게 감사와 사랑을 전한다. 자식 일이라면 두 손 두 발 걷어붙이고 도와주시는 딸 바보 육종량, 문혜숙 님. 한계점을 두지 않고 "너는 모든 것을 다 이룰 수 있고 잘 해 낼 수 있는 사람이 될 수 있다"라는 엄마, 아빠의 교육이 이 책을 쓸 수 있는 원동력이 되었기에 엄마, 아빠의 교육은 성공했다고 이야기하고 싶다.

인생의 절반 이상을 함께한 내 친구 은지, 미진이, 나의 소울메이트 지영 언니, 건강한 육체에 건강한 정신이 깃든다는 AM 11:00 멤버들, 존재만으로도 든든한 그녀들에게 감사하고 더 오랜 시간 동안 내 곁에 머물러달라고 전하고 싶다.

그리고 작가로 태어날 수 있도록 책을 쓰는 모든 여정 동안 함께 해주신 박비주 대표님을 비롯한 트윙클 컴퍼니의 트벤져스 패밀리에게 진심으로 감사드린다.

"시도하지 않는 곳에 성공이 있었던 예는 결코 없다."

내가 항상 되새기는 명언 중 하나다. 새로운 것을 시도하거나 도전을 한다는 건 결코 쉬운 일은 아니다. 하지만 도전이 두려워 아무 것도 하지 않는다면 변화는 없을 것이고, 그로 인한 성공도 없을 것이다. 때로는 무모하고 때로는 실패할 수도 있지만, 조금 더 자신을 믿고 새로운 것에 도전해보길 바란다. 지금 당신의 도전이 빛을 발휘하는 순간이 분명히 찾아올 것이다.

나는 그런 당신을 향해 열렬히 응원하겠다.

육은혜

목 차

CHAPTER 1

돈빨의 세상,
#라이브 커머스

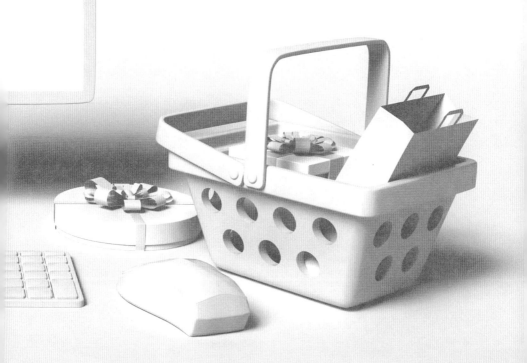

돈빨은 돈이
가득한 곳에 있다

라이브 커머스, 넌 누구니?

현재 대한민국은 라이브 커머스(Live Commerce)로 떠들썩하다. 그런데 많은 경우, 라이브 커머스라는 것을 어딘가에서 들어보기는 했어도 확실히 모르는 경우가 다반사다. 라이브 커머스란, '라이브 스트리밍(Live Streaming)'과 '이커머스(E-Commerce)'의 두 가지 단어가 합쳐진 신조어다.

첫 번째 단어인 '라이브 스트리밍'은 실시간으로 음성이나 영상 파일을 재생하고 전송한다는 뜻을 가지고 있다. 두 번째 단어인 '이커머스'는 스마트폰이나 PC 인터넷을 통해 물건이나 서비스를 온라인으로 사고파는 전자 상거래(Electroniccommerce)를 뜻한다.

그래서 이 두 가지가 합쳐진 '라이브 커머스'는 시청자와 판매자가 실시간 방송을 통해 쌍방향 소통하며 판매하는 방송을 말한다.

우리가 하던 쇼핑, 무조건 좋을 수 없다

이커머스는 시간과 장소에 구애받지 않고 언제 어디서나 쇼핑을 할 수 있다. 하지만 화면에 보이는 제품을 직접 보고 느끼고 만질 수 없기 때문에 제품에 관한 정보가 굉장히 제한적이다.

구매자는 판매자가 올린 제품의 설명과 보정된 이미지로만 제품을 판단하고 구매해야 했다. 이는 판매자를 전적으로 믿고 제품을 구매하는 수동적인 형태의 쇼핑이다.

100% 단점을 보완한 라이브 커머스

라이브 커머스는 이러한 이커머스의 단점을 완벽하게 보완한 모델이다. 라이브 커머스는 실시간 소통 방송을 통해 구매자가 궁금한 것을 참을 필요 없이 판매자에게 바로 질문하고 피드백을 받을 수가 있다. 능동적인 쇼핑이 가능하게 된 것이다. 이제 더 이상 상세페이지 속의 글자와 이미지만으로 제품을 판단하고 구매해서 쇼핑할 때, 실패의 맛을 볼 필요가 없게 되었다.

라이브 커머스의 쇼핑 방식에는 세 가지 장점이 있다.

첫째, 제품을 보지 못하고 구매한다는 불안감을 없애준다.

판매자와 실시간 소통을 통해 제품을 구매하기 때문에 오프라인의 최고의 장점인 직접 이야기하며 제품을 구매하는 느낌을 들게 한다.

둘째, 신뢰감 상승에도 효과적이다.

판매자는 구매자 입장에서 미처 생각하지 못했던 부분을 바로 현장에서 해결할 수 있어 구매자들에게 더욱 신뢰감을 줄 수 있다.

셋째, 구매 전환율이 기존의 이커머스에 비해 월등히 높다.

우리나라는 쇼핑한 제품을 쇼핑 장바구니에 넣어둔 후, 이것이 최종 결정을 하는 구매 버튼으로 잘 이어지지 않아, 다른 나라에 비해 구매 전환율이 굉장히 낮다고 한다.

하지만 라이브 커머스는 실시간 소통을 통해 구매자가 구매 결정을 할 수 있도록 판매자가 계속 유도할 수 있다. 구매할까 말까 고민하는 구매자들에게 소비 욕구를 자극하고, 판매로 이어지게 만드는 것이다. 구매로 이어지는 방식도 매우 간편해서 방송을 보며 터치 몇 번만으로 주문할 수 있다.

이처럼 라이브 커머스는 이커머스의 단점을 보완해 구매자와 판매자 모두에게 질 좋은 쇼핑과 판매를 할 수 있게 한다.

MZ 세대를 잡아라

라이브 커머스 시장의 중심에는 MZ 세대가 있다. MZ 세대는 1980년대 초반부터 2000년대 초반에 태어난 밀레니얼 세대인 M세대와 1990년 중반부터 2000년 초반에 태어난 Z세대를 가리킨다.

MZ 세대는 우리나라 총인구 중 17,366,041명으로, 전체 인구의 약 34%를 차지하는 비중이다(2019년 통계청 기준). 이는 대한민국 국민 세 명 중 한 명꼴이다.

MZ 세대는 다음의 두 가지 특징이 있다.

첫 번째로, IT(정보 통신 기술)에 가장 친화적인 세대다.

이전 세대와는 다르게, 태어났을 때부터 인터넷과 다양한 IT 기기를 접했다. 그래서 IT 기기에 대한 거부감이 전혀 없고, 오히려 적극적이고 능숙하게 최신 IT 기기와 소프트웨어를 다룬다. 그중에서 스마트폰은 일어나서 잠들 때까지 24시간을 함께한다고 해도 과언이 아니며, MZ 세대에게 스마트폰은 단순한 기계의 의미를 넘어서 나 자신의 연장선이라고도 볼 수 있다.

그 결과 MZ 세대는 온라인에서 누구와도 친구가 될 수 있는 후랜드(Who + Friend)라고도 불리며, 유튜브와 아프리카TV 등 실시간 스트리밍 방송에서 채팅으로 이야기하고 소통하는 것에 익숙하다.

그래서 새로운 쇼핑 형태인 라이브 커머스 방송에서도 판매자와 부담 없이 편하게 소통하고, 판매자가 대답을 늦게 하더라도 채팅창에서 구매자들끼리 이야기하며 제품에 대한 정보와 조언을 교류하고, 자연스럽게 온라인에서 친밀감을 형성한다.

이처럼 MZ 세대의 정서와 맞는 쇼핑 형태인 라이브 커머스는 접촉이 아닌 접속을 원하는 시대에 더욱 빨리 발전하고 있다.

두 번째, 플렉스(FLEX)라고 하는 자기만족형 소비가 있다.

MZ 세대는 자신이 가지고 싶은 것은 아무리 값비싼 명품이더라도 자기만족을 위해서 플렉스 해버린다. 이전 세대와는 다르게 열심히 일한 자신에게 주는 보상이자 선물의 의미로도 소비한다. 그렇지만 모든 소비에 있어서 이런 플렉스의 소비를 즐기는 것은 아니다. 생필품과 식비에는 자린고비 형태의 소비를 보인다.

이같이 자신이 가치를 두는 물건에는 아낌없이 투자하는 반면, 절약해야 한다고 생각하는 부분에서는 철저히 소비를 줄이는 MZ 세대는 새로운 형태의 소비자다.

그래서 이들이 생각하는 가성비와 쇼핑의 재미가 함께 있는 라이브 커머스는 남들과는 다른, 독특하고 이색적인 경험에 큰 가치를 두는 MZ 세대를 중심으로 더욱 커질 전망이다.

무자본 고수익

무자본으로 라이브 커머스를 시작할 수 있을까?

라이브 커머스를 시작하려는 판매자의 형태는 다음과 같이 크게
두 가지로 나누어진다.

라이브 커머스를 시작하려는 판매자의 형태	
1. 이미 판매할 제품이 정해져 있는 사람	2. 기업에서 제품을 받아 제품을 소개하고 대신 판매하려는 사람
온라인 쇼핑몰, 오프라인 매장 보유, 제품을 만들 수 있는 기술 보유	쇼호스트, 인플루언서, 예비 라이브 커머스인

라이브 커머스에 관심을 가지고 시작하려고 할 때 어떤 형태로 시작해야 하는지 자신의 상황을 생각해본 후 선택해야 한다.

첫 번째에 해당하는 경우는 온라인 쇼핑몰이나 오프라인 매장을 보유한 사람일 것이다. 또 농사를 지어 과일이나 농작물을 생산하는 농업인, 바다에서 물고기를 잡고 조개나 미역 등을 채취하는 어업인, 축산업을 하는 축산인이 여기에 해당한다. 그리고 기술이 있어 핸드 메이드 상품을 만들 수 있는 사람과 식품을 만들어서 판매할 수 있는 사람 또한 여기에 해당한다.

이미 판매할 제품이 정해져 있는 경우에는 그렇지 않은 경우보다 라이브 커머스를 시작하기가 훨씬 쉽다. 자신이 가지고 있는 제품으로 바로 방송을 시작할 수 있기 때문이다.

다음의 스토리를 보면 첫 번째에 해당하는 경우를 이해하기 쉬울 것이다.

부산에서 여성 의류와 액세서리를 함께 판매하던 A씨는 코로나19로 손님들의 발길이 뚝 끊겼다. 이에 당장 임대료와 전기세 등 고정 지출 비용이 막막해진 A씨는 매장을 정리할까 생각하게 된다.

매장 유리에 큰 글씨로 '재고 정리'라는 문구를 붙여놔도 손님들은 쉽게 매장 안으로 들어오지 않았다. A씨는 빠르게 재고 정리를 하기 위해서 여러 가지 방법을 생각하던 중, 라이브 커머스라는 것을 알게 되었다.

물러설 곳이 없었던 A씨는 방송을 하기로 마음먹고, 시작하기 전에 같은 여성 의류를 판매하는 사람들의 방송을 살펴보았다. 프로가 아닌 일반인들이기에 전문 쇼호스트들처럼 유창하게 말을 잘하지 못해도 오직 스마트폰 한 대를 이용해 다양한 방법으로 방송을 하고 있었다.

A씨는 용기를 내어 방송을 시작했다. 옷이 가득한 매장에서 시작한 방송은 어느새 시청자들이 하나둘 들어오기 시작했다.

"언니, 뒤에 보이는 원피스 입어주세요."

"다른 컬러도 있어요?"

"사이즈가 어떻게 되나요? 제가 55사이즈인데 입을 수 있나요?"

채팅창을 통해서 시청자들이 질문하기 시작했고, 매장에서 판매하듯이 친절하게 답해주며 옷을 설명해주었다. 그 결과, 매장을 정리하고자 쌓여 있던 재고를 처분하기 위해 시작한 라이브 커머스는 A씨의 방송을 기다리는 단골 고객들까지 생길 정도로 인기를 얻게 되어, 오프라인 매장만 운영했을 때보다 수입도 늘었다고 한다.

　위기가 기회가 된 사례다.

　두 번째에 해당하는 경우는 기업에서 제품을 받아 제품을 소개하고, 그 대신 모델료나 판매된 금액의 일정 금액에서 수수료를 받는 인플루언서, 쇼호스트, 예비 라이브 커머스인이 여기에 해당한다.

　이 경우에는 초기 자본금을 들여 제품을 구매하지 않아도 된다는 장점이 있다. 하지만 이미 인플루언서나 쇼호스트, 연예인처럼 팬덤이 형성되어 있어야 한다.

　아니면 제품을 소개하고 판매하는 사람을 믿고 제품을 구매해줄 팔로워들이 있어야 가능하다. 무작정 어떤 사람인지도 모르는 사람에게 기업이 자신들의 제품을 판매해달라고 선뜻 믿고 제품을 내어주진 않을 테니 말이다.

　이 말을 듣고 낙심할 수도 있을 것이다. 하지만 낙심하기는 아직 이르다. 나를 브랜드화시키는 퍼스널 브랜딩을 시작하면 된다.

　퍼스널 브랜딩에 대해 자세히 알아보기 전에 먼저 퍼스널 브랜딩으로 성공한 스토리를 살펴보자.

대구에 사는 B씨는 꽃다운 나이 20대 때 허리가 좋지 않아 허리디스크 수술을 받았다. 수술 후에도 허리에 무리가 가지 않는 운동으로 "꾸준히 관리하지 않으면 다시 허리통증·재발로 고생할 가능성이 있다"라는 의사 선생님의 말을 듣고 그때 부터 다양한 운동을 하기 시작했다.

20년이 넘는 세월이 지나고 건강하고 멋진 몸을 가진 B씨는 어느 날, 딸이 가르쳐준 SNS에 자신이 운동하는 영상과 사진을 매일 일기처럼 업로드시켰다.

40대 주부인 B씨가 매일 운동하는 것을 SNS에서 유심히 보던 방송 관계자는 방송 출연 제의를 했고, B씨는 평범한 주부에서 '허리디스크를 극복한 40대 몸짱 아줌마'라는 퍼스널 브랜드를 가지게 되었다.

이후 B씨에게는 다양한 기업에서 운동과 관련된 제품뿐만 아니라 건강기능식품 등 여러 가지 제품을 라이브 커머스로 방송해달라는 제의가 들어왔고, 현재는 매우 바쁜 나날을 보내고 있다.

이 두 스토리를 살펴보면, 가지고 있던 오프라인 매장에서 재고 상품만으로 라이브 커머스를 시작한 A씨나 아무 상품 없이 퍼스널 브랜딩만으로 라이브 커머스를 시작하게 된 B씨 모두 무자본으로 라이브 커머스를 시작하게 되었다는 공통점이 있다.

이 스토리의 주인공들처럼 당신도 충분히 시작할 수 있다.

고수익을 부르는 퍼스널 브랜딩

대기업들 역시 특정 분야에서 자신의 회사를 먼저 떠올리며 믿음을 가질 수 있게 브랜딩시킨다. 개인을 브랜드화시켜 특정 분야에서 다른 사람들과 차별화된 느낌으로 나를 먼저 떠올리게 하고, 믿음을 가질 수 있게 만드는 것을 퍼스널 브랜딩이라고 한다.

개인을 브랜드화시키는 퍼스널 브랜딩의 방법은 여러 가지가 있다. 그중 라이브 커머스에 알맞은 퍼스널 브랜딩 방법은 네 가지다.

첫째, 자신의 장점이 아닌 강점과 스타일을 객관적으로 분석해야 한다.

내가 좋아하거나 잘하는 것이 아닌, 남들보다 뛰어나고 우세한 것을 객관적으로 판단하고 그것을 살려야 한다.

자신의 강점을 잘 모르겠을 때는 주위의 3~5명에게 자신의 강점과 약점에 관해서 물어보는 것도 좋은 방법이다. 자신이 생각하지 못했던 강점들을 알게 될 수도 있고, 약점이라고 생각했던 부분이 오히려 다른 사람들에게는 강점으로 보이는 경우도 있으니 그런

부분들을 발견해낼 기회가 되어줄 것이다.

둘째, SNS를 적극적으로 활용한다.

온라인에는 다양한 SNS가 있다. 인스타그램, 유튜브, 블로그, 카페, 페이스북, 티스토리, 네이버 밴드 등 수많은 SNS 중 자신의 상황에 적합한 SNS를 선택해 업로드한다.

그러기 위해서는 내가 가지고 있는 콘텐츠를 어떻게 나타내는 것이 가장 효과가 있을지를 생각해야 한다. 예를 들어 내가 노래를 부르는 사람이라면, 노래를 부르는 소리가 들어간 영상이 중요할 것이다. 만약 내가 사진을 찍는 작가라면, 내가 찍은 사진이 돋보이게 올라가는 SNS를 선택해야 할 것이다.

셋째, SNS에 꾸준하게 업로드시킨다.

사람들은 자주 보고, 오래 본 사람에게 친근감을 느낀다. 자주 보고 오래 본 사람에게 자신도 모르게 익숙해지고, 어느 순간 경계심마저 허물어진다. 이것은 친근감에서 오는 믿음이 된다.

넷째, SNS에 일관된 자신의 이미지를 업로드시킨다.

취미, 특기, 전공 분야, 어떤 것이라도 좋지만, 내가 원하는 이미지에 맞게 하나의 주제를 지속적으로 업로드시켜야 한다.

하루는 먹방, 다음 날은 게임 등 이런 식으로 여러 주제를 업로드한다면, 아직 잘 형성되어 있지 않은 나의 브랜드에 사람들은 혼란이 오기 마련이다.

라이브 커머스를 시작했다면, 반드시 네 가지 퍼스널 브랜딩은 필요하다. 다른 사람들과 다른 나만의 뚜렷하고 차별화된 느낌이 사회적으로나 개인적으로 긍정적일 때, 퍼스널 브랜딩은 더욱 진정한 빛과 가치를 발휘한다.

완벽한 오피스리스

언택트 시대가 가지고 온 오피스리스

코로나 시대는 우리의 일상과 생각을 빠른 기간 내에 뒤집어놓았다. 절대 바뀌지 않을 것 같았던 집단 조직 생활인 학교 생활과 직장 생활까지 이전과는 다른 형태로 재편성되고 있다.

생활의 전반적인 일들이 비대면과 디지털적인 방법으로 빠르게 전환되면서 새롭게 생긴 신조어가 언택트(Untact)다. 언택트는 접촉을 뜻하는 콘택트(Contact)와 부정을 뜻하는 언(un)을 합친 합성어다.

생활 속 대부분을 차지하는 근무, 교육, 금융, 쇼핑까지 언택트 형태로 바뀌고 있다. 재택근무는 얼마 전까지만 해도 생산성과 근무규칙 등을 이유로 등한시되었다. 하지만 전염성이 강한 바이러스로 인해 수십 년간 미뤄졌던 일들이 한순간에 바뀌고 있다.

출근과 퇴근을 하느라 소비되었던 시간과 노력이 줄어들고, 회사가 아닌 집에서 업무를 보니 지금까지 너무나도 중요하게 생각되었던 사무실과 상가가 더 이상 중요하지 않게 되었다. 학교도 발 빠르게 온라인 강의를 준비하고, 학생들도 컴퓨터를 켜서 등교한다. 이미 학원 시장은 사이버 강의로 자리를 잡고 있다.

금융도 은행에 가서 대기표를 뽑고 줄 서서 기다리던 시대는 지났다. 이미 모바일로 내가 원하는 시간에 원하는 업무를 볼 수 있다. 이는 은행지점이 통합되고 폐쇄되고 있는 이유다.

쇼핑은 어떠한가!

직접 신어보고 입어보고 맛까지 보며 물건을 사던 시절이 있었다. 친구들과 함께 예쁜 옷을 사기 위해 넓은 쇼핑가를 돌아다니고, 마음에 드는 신발을 사기 위해 들렀던 매장을 되돌아간 적도 있다. 마음에 드는 물건을 사려면 온종일 발품을 팔아가며 걸어야만 했다. 이처럼 밖에서 걸어 다니며 쇼핑을 할 때는 하루 날을 잡아서 쇼핑을 해야 했지만, 지금은 따로 시간을 낼 필요가 없다.

코로나 시대가 오기 이전부터 발로 걸어 다니며 쇼핑하는 시절은 지나갔다. 언제든지 내가 필요한 곳에서 필요한 물건을 온라인으로 구매할 수 있다.

특히 지난 10년간 스마트폰의 등장으로 생활의 많은 것들이 바뀌었다. 거리의 풍경부터 우리의 라이프 스타일까지, 스마트폰은 많은 곳에 영향을 주었다.

지하철에서 앉아 스마트폰을 보고 SNS를 하며 지인들과 소통하고, 집에 도착해서 먹을 음식을 미리 앱을 통해서 주문해놓는다. 시대 흐름에 따라 삶에 변화가 생겼다.

더 이상 전화번호를 눌러서 먹고 싶은 메뉴를 일일이 불러가며 주문하는 시대는 지나갔다. 한눈에 보기 좋고 먹음직스럽게 찍힌 다양한 음식 중에서 내가 먹고 싶은 음식을 선택하고 결제하는, 모든 일이 손바닥 안에서 해결될 수 있는 시대에 살고 있기 때문이다.

길목 좋은 곳은 이제 옛말

'길목 좋은 곳'이라는 말을 들어봤을 것이다. 오프라인 매장을 오픈하려면 내가 팔 물건에 따라 조금씩 다르겠지만, 대다수의 사람이 버스정류장과 지하철 입구, 그리고 횡단보도와 학교 앞, 회사 사무실 등 사람이 많이 다니고 상권이 발달한 곳을 선호한다. 이런 곳은 임대료도 비쌀뿐더러 고정적으로 나가는 비용도 비싸다.

그렇다고 길목이 좋다고 해서 무조건 장사가 잘된다는 보장이 있는 것도 아니다. 하지만 세상이 달라지고 있다. 우리가 살고 있는 지금은 더 이상 상권이 중요하고, 장사가 잘될 것 같은 길목이 중요한 시대가 아니다. 사무실이 없고 매장이 없어도 내가 원하고 노력하면, 언제 어디서든지 일할 수 있고, 돈을 벌 수 있는 시대가 되었다.

한 가지 스토리를 살펴보자.

문경의 사과 농장 사장님은 주렁주렁 열려 있는 사과 농장 앞에서 라이브 방송을 하신다. 직접 재배하신 사과를 가지고 '얼마나 정성을 들여서 재배하고 있는지'와 '왜 우리 사과가 맛이 있고 당도가 높은지'에 대해서 투박하지만, 정감 있는 말투로 시청자와 소통하며 방송을 한다.

보는 시청자들은 사장님 뒤편에 보이는 신선한 사과가 열려 있는 사과나무와 사과를 직접 재배한 사장님의 얼굴을 보며 무한 신뢰감을 가지고 사과를 구매한다. 사장님은 항상 수확할 시기가 되면 먹음직스럽게 열린 사과를 보면서 맛이 있을 때 소비자들에게 사과를 얼른 판매하고 싶었다.

많은 양의 사과를 중간상인을 거치지 않고 빨리 판매하기 위해서는 그만큼 위치가 좋고 상권이 발달한 곳에 과일가게를 오픈해야만 했다. 이는 사장님에게 부담감으로 다가왔고, 가게를 오픈할 수 없었다. 하지만 시대가 달라졌고, 이제는 상권이 좋고 길목이 좋은 곳에 가게가 없어도 시골 농장에서 수확부터 판매까지 가능하게 되었다.

사과 농장 사장님 이야기만 보더라도 더 이상 장사가 잘될 것 같은 상가 건물이나 매장은 필요 없다. 지금은 내가 있는 위치에서 언제 어디서든지 일하며 돈을 벌 수 있다.

내가 있는 곳이 곧 나의 일터이고, 사무실인 시대에 우리는 살고 있다.

실시간 돈빨 만들기

---•--

라이브 커머스 '이것'이 다르다 - 1 '궁금한 걸 왜 참니?'

홈쇼핑은 쇼호스트가 아무리 공감되는 말을 해도 실제로 쌍방향 소통을 하며 대화할 수는 없다. 그래서 마음에 드는 제품을 발견해도 몇 가지 궁금한 점이 생기면 살까, 말까 구매가 고민되는 경우가 있다.

하지만 라이브 커머스는 화면에 있는 댓글 창을 통해 궁금증을 바로 해소할 수 있다. 예를 들어, 오렌지를 판매하는 방송에서 "오렌지 과즙이 많나요?"라고 궁금한 것을 질문하면, 방송을 진행하는 판매자는 여기에 바로 답변을 해서 시청자들의 궁금증을 풀어준다. 그 궁금증이 풀리면서 신뢰를 형성하고, 신뢰가 형성되면 구매로 이어진다.

결제도 화면에서 제품을 바로 구매할 수 있게 되어 있고, 판매자가 이 과정까지 상세하게 설명해주니 구매가 망설여져 고민하는 시간도 줄어들게 되었다.

이처럼 라이브 커머스 방송은 구매자와 판매자가 궁금한 점을 물어보고, 그것을 바로 해소하며 자연스럽고 편안한 분위기로 방송이 진행된다.

라이브 커머스 '이것'이 다르다 - 2 '예능 쇼핑'

라이브 커머스는 라이브 방송에다가 쌍방향 소통까지 하니 다양한 재미있는 상황들이 방송에 나오게 된다. 이러한 방송의 특징 때문에 단순히 제품만 판매하는 판매 방송이 아니라, 예능형 콘텐츠로 생각하고 라이브 커머스를 즐기는 사람들이 늘어나는 추세다.

이제 사람들은 쇼핑을 단순히 필요한 제품을 구매하는 수단이 아니라, 쇼핑을 하면서도 예능 프로그램을 보듯이 즐기고 싶어 한다. 그러면서 제품을 전시하고 판매하던 매장의 기능은 제품을 전시하고 판매하는 용도뿐만 아니라 수많은 잠재적 구매자가 있는 곳에 다가가는 세트장이 되기도 한다.

특히 탑급의 인플루언서나 좋아하는 연예인의 라이브 커머스 방송 출연은 판매 방송임에도 불구하고 잘나가는 예능 프로그램을 기다리듯이 기대하고 시청한다. 실제로 탑급의 인플루언서들의 라이브 방송 매출은 웬만한 기업 마케팅의 몇 배 효과가 난다. 그들의 팬들은 실시간 방송에서 댓글을 통해 팬심을 보여주며, 그것은 자연스럽게 매출로 연결된다.

쇼핑 트렌드의 흐름이 빠르게 변화하고 있다. 사람들은 이제 쇼핑을 필요한 제품을 구매하는 수단이 아닌, 하나의 콘텐츠로 생각하며 즐긴다. 라이브 커머스는 그 중심에서 실시간 소통과 시청자들의 마음을 사로잡는 콘텐츠로 내일의 쇼핑 방식을 점점 바꿔나가고 있다.

돈빨의 기회는
누구에게나 열려 있다

지금이 기회다

지금 시대는 스마트폰만 있으면 장소도, 시간도, 국경도 상관없이 라이브 방송을 켜서 원하는 상품을 판매할 수 있다. 이제 더 이상 예전처럼 데이터 방송이나 홈쇼핑 등 특정 분야에서만 판매 방송을 독점하던 시대는 지나갔다.

국내 라이브 커머스 시장 규모는 2020년 기준으로 3조 원이다. 짧은 시간 안에 엄청난 성장을 이뤄냈다. 2023년까지 10조 원대로 시장이 커질 것이라는 예상과 함께, 2030년까지 약 30조 원의 시장 규모가 예상된다는 전망도 나오고 있다.

2019년 기준, 여섯 개의 메이저 홈쇼핑사의 전체 매출이 5조 원대인 것에 비하면 이는 엄청난 성과다. 이 홈쇼핑의 실적은 1995년 만능 리모컨 판매를 처음으로 시작해서 약 25년 가까이 쌓아온 홈쇼핑의 실적이라고 볼 수 있다. 단순히 판매와 유통만을 하는 채널이라는 것은 생각하면 이 실적도 엄청난 결과다. 기존의 홈쇼핑 시장도 엄청난 규모이지만, 라이브 커머스 시장의 규모는 더 빠르고 넓게 국경과 상관없이 확대될 전망이다.

실시간의 운이 코앞까지 왔다

모든 일에는 실력도 중요하지만, 그 이상으로 중요한 것이 타이밍이고 기회다. 기회가 주어졌을 때 그 기회를 잡고 해내야 최고의 결과를 이뤄낼 수 있다. 어떤 때는 실력과 노력보다도 기회와 타이밍이 더 큰 힘을 발휘할 때가 있다.

그럼 어떤 사람이 기회를 잡고, 어떤 사람이 기회를 잡지 못하고 잃어버리는 것일까?

첫째, 완벽한 때라는 것은 없다.

다들 기회는 준비된 사람에게 온다고 한다. 하지만 이 말의 뜻을 잘못 해석하면 안 된다. 준비가 되어 있다는 것은 완벽하게 실력을 갖추고 있다는 말이 아니다. 많은 사람들이 모든 일에 있어서 충분히 준비된 다음에 도전하려고 한다. 하지만 기회는 그 시간을 기다려주지 않는다. 운이 좋게 기회가 찾아왔고, 그 기회를 알아봤으면, 조금 준비가 되지 않았더라도 무작정 부딪혀봐야 한다.

노력과 실력보다 때로는 타이밍과 기회가 더 중요할 때가 있다. 그러니 할까 말까 망설이지 말고 기회가 보이면 바로 뛰어들어야 한다.

둘째, 욕심을 버려라. 욕심은 모든 일을 망친다.

적당한 욕심은 나를 성장시키고 나의 경쟁력이 될 수 있다. 하지만 욕심이 과하면 눈이 멀고 귀가 들리지 않게 된다. 만약 개인이 아니라 팀에게 기회가 찾아왔다면 기회를 전부 독차지하려고 무리수를 던지지 말고 협업해서 기회를 잡아야 한다.

정해진 작은 케이크를 독차지해 전부 가지는 것보다 케이크를 크게 만들어 나누어 가지면 결국 훨씬 더 큰 케이크를 가질 수 있다.

셋째, 기회는 기회라고 얼굴에 쓰고 다가오지 않는다.

기회는 항상 숨어 있다. 기회는 절대 우리 눈에 잘 보이게 다니지 않는다. 모두가 알아보고 찾을 수 있다면, 이미 그것은 기회가 아니다.

기회는 다른 사람이 잘 가지 않는 힘든 곳이나 어려운 일 속에 숨어 있다. 기회는 절대 평범한 자리에서 기다리지 않는다. 숨어 있는 기회를 찾았다면 반드시 잡아야 한다.

코앞까지 돈을 벌 수 있는 기회가 찾아왔다. 누군가는 라이브 커머스가 기회의 장이라 생각하고 뛰어들어 볼 테고, 또 누군가는 그저 흘러가는 시대의 흐름이라 생각하고 지나쳐버릴 수도 있다. 시간이 지나고 '아! 그때 시작할걸…'이라며 후회해도 이미 늦었다. 라이브 커머스가 기회라고 생각하고 있다면, 일단 뛰어들어 시작해라.

돈빨의 기회가 지금, 당신에게도 찾아왔다.

부캐가 벌어오는 돈

부캐 열풍

작년 여름을 기점으로 '부캐' 열풍이 뜨겁다. 부캐는 게임에서 사용하는 용어로, 주로 플레이하는 본캐(본 캐릭터) 외에 새롭게 추가해서 만든 '부 캐릭터'를 줄여서 지칭하는 말이다.

MBC 〈놀면 뭐하니?〉 프로그램에서 쏘아 올린 부캐 열풍은 아직까지도 많은 사람의 삶에 큰 공감이 되고 있다. '유두래곤'과 '린다G' 그리고 '비룡'은 그룹 '싹쓰리'의 멤버다.

유두래곤은 '유재석', 린다G는 '이효리', 비룡은 '비'의 부캐다. 싹쓰리가 부른 〈다시 여기 바닷가〉는 각종 음원 차트에서 상위권에 올랐고 흥행에 성공했다. 본캐가 아닌 부캐만으로 정상에 선 것이다.

잘나가는 '개그우먼 김신영'은 어떠한가? 김신영의 부캐는 '둘째 이모 김다비'다. 작년에 생긴 김신영의 부캐 둘째 이모 김다비는 말 끝에 재미있는 사투리를 섞어서 쓰는 것이 매력 포인트다. 거기에 김신영 특유의 능청스러운 연기와 분장으로 본캐만큼이나 사랑받는 부캐가 되었다. 김신영은 둘째 이모 김다비라는 부캐로 '주라주라'라는 1집 앨범에 이어서 올해에는 '오르자'라는 2집 앨범까지 발매했다. 또 본캐가 아닌 부캐인 다비 이모로 작년에 무려 13개의 광고를 찍었다고 한다. 본캐가 아닌 부캐가 벌어온 돈이다.

물론 두 경우 모두 본캐인 연예인들의 영향도 크게 작용했음을 부정할 수는 없다. 연예인이라는 직업 특성상 예능 프로그램에 출연해 다양한 캐릭터를 맡아 경험해볼 수 있다는 것이 일반 사람들과는 분명 다를 수는 있다.

하지만 평범한 일반인들도 다양한 부캐를 만드는 것이 가능하다. 직장을 다니면서 퇴근 후 헬스 트레이너로 활동하는 사람도 있고, 자신이 일하고 있는 분야의 노하우와 경험을 알려주는 유튜버로 변신하는 사람도 있다. 이를 수익화시켜서 돈을 벌면 'N잡러'가 되는 것이다.

부캐로 N잡러 되기

N잡러는 두 개 이상 복수를 뜻하는 'N'과 직업을 뜻하는 'job', 그리고 사람을 뜻하는 '~러(er)'가 합쳐진 신조어로, '여러 가지 직업을 가진 사람'을 뜻한다.

N잡러들은 본업 이외에 다양한 부업과 취미활동을 하며 그것을 수익화시킨다. 실제로 이미 우리 주위의 많은 사람이 여러 가지 직업을 동시에 가지고 있다.

돈을 더 많이 벌기 위해 하는 사람, 정말 포기할 수 없는 일이라서 직업과 동시에 병행하는 사람, 그리고 직장을 다니면서 앞날을 대비해 다른 일을 미리 경험해보는 사람 등 다양한 이유와 목적에서 N잡러가 된다.

그렇다면 N잡러가 되기 위한 부캐를 어떻게 하면 잘 만들어낼 수 있을까? '부캐'라는 말이 게임에서 나온 것처럼, 게임을 한다는 생각으로 일단 만들고 시작해라.

살면서 다들 한 번쯤은 게임을 해봤을 것이다. 처음 게임 캐릭터를 생성할 때 주로 플레이할 본캐는 많은 생각을 하고 신중하게 선택한다. 탱커 역할을 하고 싶어 전사를 선택할 때는 힘이 강한 캐릭터를 선택할 것이다. 그리고 원거리 딜러나 힐러 역할을 하고 싶을 때는 궁수나 힐러에 맞는 스펙을 따져가며 누구보다 신중하게 캐릭터를 선택한다.

하지만 주로 플레이할 캐릭터가 아닌, 부캐를 선택할 때는 본캐를 선택할 때보다 훨씬 부담감이 작다. 부캐는 본캐를 메인으로 두고 가볍고 부담감 없이 즐길 수 있는 캐릭터이기 때문에 힘을 빼고 선택한다.

게임에서 부캐를 선택하듯이 현실에서도 어렵게 생각하지 말고 하고 싶고, 즐기고 싶은 일을 선택해서 시작하면 된다. 그리고 이 캐릭터가 또 다른 나의 캐릭터라고 생각하고 꾸준히 하다 보면 본 캐만큼이나 탄탄한 부캐를 가질 수 있을 것이다.

라이브 커머스를 통해 모바일 쇼호스트라는 부캐를 가지게 된 스토리를 들어보자.

평범한 직장을 다니는 L씨는 예전부터 하고 싶었던 일이 있었다.
바로 홈쇼핑에서 상품을 판매하는 쇼호스트다. 꿈을 찾아 쇼호스트 학원에 등록하고 도전하라는 말도 주위에서 많이 들었지만, 현실은 그리 녹록지 않았다. 당장 직장에 나가지 않으면 다음 달 생활비가 걱정되는 월급쟁이이기 때문이었다.

L씨는 시간이 생길 때마다 TV에 나오는 쇼호스트를 보면서 그들의 말투와 제스처를 따라 했다. 그렇게 꿈을 키우던 중, 라이브 커머스에 관한 기사를 보게 되었고, L씨는 곧바로 비싸지 않고 부담 없는 물건을 도매 가격으로 가져와 퇴근 후 방송으로 판매하기 시작했다.

꿈꾸던 쇼호스트를 시작할 수 있게 된 것이다.

퇴근 후 꾸준히 방송으로 물건을 팔기 시작하니 이제는 제법 L씨의 방송을 기다리는 팬들도 생겼다. 하지만 그렇다고 해서 바로 직장을 그만두고 라이브 커머스에만 전념하기는 아직까진 이르다는 생각이 든다고 했다.

이렇게 L씨는 원래 다니던 직장을 계속 다니면서 라이브 커머스로 평소 하고 싶었던 모바일 쇼호스트라는 부캐를 가지게 되었다.

라이브 커머스로 부캐가 돈을 벌어오는 N잡러가 된 것이다.

◆ 나의 부캐는 무엇인가? 그리고 어떻게 키울 것인가? 천천히 한번 생각해본 후, 정리해서 아래에 적어보자.

(#좋아하는물건 #좋아하는음식 #좋아하는취미 #최근관심사 등을 적고 공통된 키워드를 찾아보자)

세계의 돈빨,
라이브 커머스로 움직인다

중국이 원조다?

중국은 2016년부터 본격적인 라이브 커머스가 시작되었다. 이는 우리나라와는 다른 중국 모바일 시장의 성장 과정 때문이다. 우리나라는 TV 보급률과 인터넷 보급률이 높아 TV 홈쇼핑과 인터넷 온라인 쇼핑이 탄탄한 시스템으로 자리 잡았다. 그로 인해 굳이 모바일 쇼핑을 할 필요가 없었다.

하지만 중국은 반대로 인터넷 보급률보다 스마트폰 보급률이 먼저 빠르게 올라갔다. 이로 인해 모바일로 쇼핑을 하는 라이브 커머스가 우리나라보다 먼저 빠르게 자리를 잡게 되었다.

14억 명이 넘는 인구가 사는 중국에서 라이브 커머스 방송을 했을 때는 우리나라와는 완전히 다른 규모의 동시 접속자 수를 볼 수가 있다. 그리고 그 중심에는 중국의 '왕홍(网红)'이 있다.

한국의 '인플루언서＋BJ＋유튜버'를 중국에서는 왕홍이라고 부른다. 다시 말해 온라인과 SNS를 중심으로 활동하며 사람들에게 큰 영향을 미치는 중국의 유명 인플루언서를 지칭한다. 중국에서 왕홍의 파워는 정말로 엄청나다. 그런 왕홍의 파워를 제대로 볼 수 있는 날이 있다.

11월 11일은 중국의 광군제로, 중국 최대의 쇼핑 축제일이다. 이 광군제에서 '웨이야'라는 왕홍이 1,900억 원의 매출을 단 7시간 만에 기록했고, 이때 접속자 수는 8,200만여 명이었다. 매출도 접속자 수도 엄청난 숫자다. 왕홍이 경제 전반에 미치는 영향력이 커지면서 '왕홍 경제'라는 단어까지 생겨날 정도다.

중국의 현재 전자상거래 시장에서 라이브 커머스가 차지하는 부분은 2018년에 2%에서 2020년 기준, 6%로 꾸준히 오르고 있다.

라이브 커머스의 선두 주자인 만큼 중국의 라이브 커머스 시장을 보면 여러 가지 형태로 발전하고 있다. 판매되고 있는 제품도 옷, 화장품, 생활용품, 잡화, 식품 등 일상적인 제품을 넘어 이제는 부동산과 자동차, 심지어 로켓 발사권까지 라이브 커머스로 판매하며 그 영역을 넓히고 있다.

찾아가는 쇼핑? 이제는 찾아오는 쇼핑!

중국의 라이브 커머스 시장을 선두 주자로 이끈 대표 쇼핑몰은 패션&뷰티 플랫폼 모구지에(Mogujie)와 우리나라에도 잘 알려진 타오바오(Taobao), 그리고 전자상거래 플랫폼인 징동(Jingdong)이 있다. 한국으로 치면 옥션과 11번가와 같은 전형적인 이커머스 쇼핑몰이다.

2016년 3월 모구지에에서 라이브 커머스 기능을 도입한 후로 타오바오와 징동이 그해 라이브 커머스 기능을 도입했다. 그런데 최근 라이브 커머스의 새로운 강자로 떠오르고 있는 플랫폼이 있다.

우리에게 익숙한 틱톡(TikTok)과 콰이(Kwai) 등 콘텐츠를 생산하는 플랫폼들이다. 틱톡과 콰이는 크리에이터에게 광고 수익 이외에 판매할 제품을 주제로 재미있게 콘텐츠를 만들어 제품 판매를 통한 수익을 낼 수 있게 해주었다. 그 결과, 현재 이 콘텐츠 시장이 빠르게 급성장하고 있다.

이것은 기존의 쇼핑몰에서 라이브 커머스를 진행하는 것과는 완전히 다른 형태로 구매자들이 접근하고 나서야 소비가 일어난다.

예를 들어, 타오바오는 구매자들이 처음부터 필요한 제품이 있어서 목적성을 가지고 라이브 커머스를 이용한다. 하지만 틱톡이나 콰이에서는 관심 있는 콘텐츠를 통한 구매와 알고리즘으로 사용자의 니즈를 만들어내 구매가 일어나게 만든다.

일반 사용자가 제품을 구매하는 순간, 구매자로 바뀌게 되는 것이다. 이제 구매자들은 필요한 물건을 구매하기보다는 관심 있고 재미있는 콘텐츠를 시청하다가 콘텐츠를 제작한 크리에이터에 대한 팬심과 호기심으로 제품을 충동 구매할 가능성이 훨씬 커졌다.

이 구조로 본다면 최근 중국의 새로운 소비 경향이 충동 구매인 것도 이해가 된다. 이제 더 이상 공급자가 만들어서 판매하는 형태가 아닌, 구매자가 찾아오는 라이브 커머스는 지금까지와는 다른 형태의 라이브 커머스 시장을 만들어낼 것이다.

라이브 커머스의 선두 주자인 중국의 변화를 보면서 우리나라 라이브 커머스 시장도 어떤 모습으로 변화할지 생각해보고, 거기에 맞춰서 대비해야 한다.

거대 쇼핑 공룡 U.S.A가 움직인다

코로나19는 많은 것들을 빠르게 변화시키고 있다. 수백 년의 역사와 전통을 가진 미국의 백화점들이 줄줄이 문을 닫기 시작했고, 탄탄한 수요층을 갖춘 대형 마트 시장도 오프라인 소비에서 온라인 소비로 빠르게 넘어가고 있다.

최근 미국의 2019년 전자상거래 시장 규모는 3,650억 달러에서 2020년 기준 7,098억 달러로 약 두 배가량 성장했다. 이 중 라이브 커머스가 차지하는 시장 규모는 2019년 기준 5%로 비중이 작다. 하지만 미국의 거대 IT 기업 중에서도 손에 꼽히는 기업들이 라이브 커머스 시장으로 진입을 시도하고 있다.

아마존

아마존은 '아마존 라이브'로 2019년 라이브 커머스를 시작했다. 특이한 것은 인플루언서가 자신이 좋아하는 최애템(가장 좋아하는 상품이나 아이템)을 라이브 방송으로 소개하고 아마존의 링크를 걸어두면, 클릭 수에 따라 수익을 받는 형태다.

즉, 이 시스템에서 인플루언서는 제품을 소개하는 플랫폼의 중개자 역할로 제품 판매 매출에 대한 수수료를 받는 것이 아닌, 홍보와 마케팅에 대한 수수료를 받는 것이 특징이다.

또 인플루언서나 라이브 스트리머들에게는 '아마존 라이브 크리에이터'라는 앱을 통해 팔로워 수가 늘어날수록 레벨을 업그레이드시켜주고 더 많은 인센티브와 혜택을 제공한다.

아마존은 뷰티나 패션뿐만 아니라 가전과 피트니스, 요리, 자동차까지 카테고리를 다양하게 만들어 홈쇼핑과 다른 방식으로 신선함을 유지하고 있다.

현재는 프라임 비디오 서비스를 통해 새로운 라이브 콘텐츠를 제공할 준비를 하고 있으며, 이것으로 보아 미국의 라이브 커머스 시장은 빠른 성장이 예상된다.

#구글

구글은 2020년 7월, 영상 쇼핑 플랫폼 샵루프(Shoploop)를 출시했다. 구글의 샵루프는 사용자가 제품에 관련된 90초 분량의 짧은 영상을 보고 마음에 드는 제품을 발견하면, 제품을 저장하거나 바로 구매할 수 있도록 했다.

현재 구글은 뷰티 제품에 포커스를 맞춰 성장 중이며 비교적 늦게 라이브 커머스 시장에 진출했지만, 다양한 시도로 빠른 성장을 기대한다.

페이스북

페이스북은 2019년 12월 비디오 쇼핑 플랫폼 패키지드(Packagd)를 인수했다. 이를 이용해서 페이스북 버전 중고나라인 마켓플레이스(Marketplace)와 페이스북 라이브(Facebook Live)를 통해 라이브 커머스 기능을 추가할 예정이다.

또 페이스북에서 2012년에 인수한 인스타그램은 유저의 피드나 스토리에서 바로 결제할 수 있도록 기능을 도입하고, 사용자가 마음에 드는 제품을 발견했을 때 바로 구매가 가능한 기능을 제공하며, 라이브 커머스 시장의 영역을 넓히고 있다.

전 세계의 쇼핑 영역이 라이브 커머스로 변화하고 있다.
라이브 커머스는 이제 국경과 상관없이 사람들의 마음을 사로잡을 콘텐츠와 거기에 맞는 질 좋은 제품만 있다면, 세계 시장을 대상으로 마케팅할 수 있다.

점점 다국적화되고 있는 라이브 커머스의 세계 시장에서의 변화와 흐름도 빠르게 파악하고 준비해야 할 것이다.

CHAPTER 2

제대로 돈빨 받는 소싱법

모바일 쇼핑이
유통 방법이다

갈수록 늘어나는 엄지 엄지 척!

뉴스 헤드라인에서 엄지손가락을 이용해서 쇼핑한다는 '엄지족'에 관한 기사를 본 적이 있는가? 이제는 엄지손가락을 이용해 모바일로 쇼핑을 하는 시대가 왔다.

오프라인 쇼핑을 하는 시대는 이미 예전에 지나갔고, 온라인 쇼핑 중에서도 PC를 이용해 쇼핑하는 시대도 서서히 지나가고 있다. PC를 중심으로 하는 온라인 쇼핑은 더 이상 발전이 없이 정체기를 맞이했으나, 모바일을 중심으로 하는 온라인 쇼핑은 매년 파격적인 성장세를 보이고 있다.

실제로 내 주변만 보아도 쇼핑만을 하기 위해 번거롭게 PC를 켜서 그 앞에 앉는 모습은 잘 보이지 않는다. 이제 대부분의 사람이 필요한 제품이 있으면 간편하게 모바일로 쇼핑을 한다.

쇼핑의 트렌드가 바뀌고 PC 쇼핑 매출이 정체되면서 처음부터 모바일을 중심으로 성장한 소셜 커머스(Social Commerce) 이외에 PC 중심이었던 오픈 마켓(Open market)도 모바일 쇼핑에 집중하고 있다. 따라서 모바일 쇼핑에 대한 의존도는 점점 높아지는 추세다.

또 젊은 세대뿐만 아니라 중장년층까지도 모바일 사용이 증가하면서 이를 통한 모바일 쇼핑도 증가했다. 그래서 많은 유통업계에서는 젊은 세대도 물론 중요하지만, 쇼핑계의 큰손인 중장년층의 마음을 사로잡기 위한 모바일 쇼핑 전략을 열심히 짜고 있다.

이처럼 모바일 쇼핑이 대세이기 때문에 처음부터 홈페이지나 상세페이지를 만들 때도 모바일 화면에 어떻게 보일지 생각하며 만들어야 한다.

앞으로 모바일 쇼핑 시장을 잡지 못한다면 쇼핑 유통 시장에서 도태될 것이다. 그럼 지금 트렌드인 모바일 시장에는 어떤 것들이 있을까?

감성 포토가 먹히는 쇼핑 월드, 인스타그램

현재 가장 핫한 SNS는 인스타그램(Instagram)이라고 할 수 있다.
인스타그램의 특징은 여러 가지가 있는데, 그중 다섯 가지만 살펴보면,

첫째, 20~30대 젊은 여성들이 많다.
둘째, 제품 판매와 기업 홍보가 가능한 비즈니스 계정 운영이 가능하다.
셋째, 다른 SNS 대비 사용자들의 참여율이 높다.
넷째, 해시태그로 검색하고 소통한다.
다섯째, 사진 한 장만으로 충분히 감성적인 콘텐츠가 가능하다.

젊은 여성들이 많은 인스타그램에서는 의류, 패션잡화, 화장품, 다이어트, 액세서리 등을 주로 많이 판매한다. 이미지를 많이 중요시하는 SNS인 인스타그램의 최대 장점은 잘 나온 감성적인 사진 한 장이나 영상 하나만으로도 빠르게 매출을 올릴 수 있다는 점이다. 그래서 비주얼이 중요한 제품인 경우는 매출에서 큰 효과를 볼 수 있다.

최근에는 단순히 제품을 홍보하고 사진을 올려서 판매하는 것을

넘어 인스타그램 자체 시스템인 라이브 방송을 활용한 라이브 커머스를 많이 진행하고 있다.

라이브 커머스의 큰 특징이자 장점은 실시간 소통이다. 그것이 가능한 인스타그램의 라이브 방송을 통해 평소 진심으로 소통하면서 동일한 관심사를 나누었던 팔로워들과 실시간 방송으로 소통한다면 구매 전환율이 높다. 그래서 적은 시청자가 방송을 보고 있더라도 만족스러운 매출이 발생한다.

365일 살아 있는 영상, 유튜브

유튜브(YouTube) 판매는 제품에 대한 특징과 사용 방법을 영상으로 만들어 홍보하고, 영상 아래 설명 란에 구매가 가능한 다양한 링크 등을 넣어서 다른 사이트에서 판매한다. 홍보한 제품을 유튜브 내에서 등록하고 바로 결제까지 가능한 시스템은 아직은 없다. 그래서 유튜브 크리에이터는 유튜브에서 제품을 홍보하고, 개인의 쇼핑몰로 유입을 시켜서 판매하거나, 개인 쇼핑몰이 없다면 블로그나 스마트 스토어를 통해서 판매한다.

유튜브는 판매 수익을 낸다기보다는 제품의 마케팅과 홍보 수단으로 보는 것이 더 의미가 있다. 제품이 당장 판매되지 않더라도 구독자들과 알고리즘을 통해 영상이 노출되기 때문에 제품이나 회사를 브랜딩한다는 것에 의미를 두고 유튜브 판매를 이용하는 것이 좋다.

이제 사람들은 PC보다는 모바일을 더 많이 사용한다. 윈도우보다는 안드로이드나 애플 앱스토어를 더 많이 사용한다. 현금보다는 카드를 더 많이 사용하고, PC 중심의 쇼핑몰보다는 모바일 중심의 쇼핑몰을 더 많이 사용한다.

늘 그랬듯이 덜 사용하는 것들은 조금씩 사라지고, 더 많이 쓰는 모바일 시장은 빠르게 발전할 것이다.

소싱의 모든 것

-----------------•-

아무개가 잘된다. 브랜드에 목숨 걸지 마라

최근 소비 심리가 변화하고 있다. 더 이상 브랜드가 매출에 있어서 예전처럼 프리미엄의 역할을 해내지 못하고 있다. 지금 당장 입고 있는 옷만 보더라도 예전과는 다르게 브랜드 로고가 크게 박혀 있는 옷이나 아이템들이 거의 없다.

불과 얼마 전까지만 하더라도 티셔츠와 아우터는 물론이고, 심지어 양말까지도 브랜드 로고가 눈에 잘 보이게 크게 박혀 있었다. 옷이나 아이템에 브랜드 로고가 없다는 것은 싸구려 취급을 받았고, 로고가 없는 옷을 입은 사람은 잘살지 못하는 사람으로 보였을 때가 있었다. 그래서 그 당시에 옷이나 아이템들을 구매할 때는 이왕이면 이름이 알려진, 이른바 메이커냐, 아니냐가 최종 구매 결정 요인의 큰 조건이 되었다.

시대가 변했다는 것은 옷과 아이템에서만 느낄 수 있는 것이 아니다. 집 앞 편의점만 가 봐도 느낄 수 있다. 이미 잘 알려진 대기업에서 출시한 음료와 과자들도 브랜드명은 작게 표기하고, 제품의 특성에 맞게 별명을 브랜드처럼 지어 새롭게 출시하고 있다.

예를 들면, '바나나는 원래 하얗다', '우유 속에 코코아', '퐁당 쇼콜라' 등 많은 제품이 직관적인 이름으로 출시되었다. 제품을 선택하고 구매하는 기준이 이제는 브랜드보다 바로 알아들을 수 있는 자극적인 문구나 제품의 디자인이 되었음을 알 수 있다.

또한, 최근 소셜 커머스나 오픈 마켓에 들어가서 카테고리별 상위 매출을 올리고 있는 제품의 브랜드를 확인하면 더 쉽게 눈치챌 수 있다. 거의 대부분의 카테고리에서 예전부터 잘 알려진 브랜드가 아닌, 신규 브랜드나 디자인이 예쁜 아이템들이 상위 자리를 차지하고 있는 것을 볼 수 있다.

이제 제품을 소싱할 때, 더 이상 브랜드나 이미 잘 알려진 제품에 연연해서는 안 된다. 아직 숨어 있는 보석 같은 제품을 알아보는 선구안을 높이고 누구나 판매하는 제품이 아닌, 남들이 판매하지 않는 제품과 트렌드를 읽어야 한다.

제품 소싱의 형태에는 위탁 판매, 사입 판매, 제조 판매의 총 세 가지가 있다.

위탁 판매

라이브 커머스나 SNS를 활용해 생산자나 기업의 제품을 대신 홍보, 판매하고 판매된 제품에 대한 수수료나 출연료를 받는 것을 위탁 판매라고 한다.

위탁 판매의 장점과 단점은 다음의 두 가지와 같다.

· 장점

① 시간 절약
제품을 소싱하는 시간을 줄여준다. 무엇을 팔아야 할지 아직 선택하지 못했다면, 위탁 판매로 자신이 잘 팔 수 있는 제품을 찾아보

는 것도 좋은 방법이다. 사업자 등록증만 있으면 도매상 사이트에 가입이 가능하다.

그리고 제품 주문이 들어오면 도매 사이트에 들어가서 구매자 주소로 주문을 하면 된다. 제품 주문 후 들어오는 CS 문제 처리와 마지막 택배 현황을 확인하고 도착 여부를 확인해 신뢰감을 높여야 한다.

② 재고 부담이 없다

사업 초기 가장 큰 고민은 판매 상품을 구매하는 비용이다. 하지만 위탁 판매는 제품을 먼저 사서 창고나 집에 쌓아두지 않아도 된다. 그래서 제품을 보관하는 창고에 대한 유지비나 택배에 대한 부담감이 전혀 없다.

도매 업체에서 재고를 관리하고, 나는 재고 관리 대신 마케팅을 열심히 해서 주문이 들어오면 사이트에서 제품을 주문하면 된다. 재고에 대한 부담감이 없기 때문에 여러 가지 제품을 취급할 수 있고, 판매하는 제품 변경도 쉽게 할 수 있다.

· 단점

① 경쟁이 치열하다

시작하기가 쉬운 만큼 경쟁자들도 쉽게 시작할 수 있다.

괜찮은 제품을 발견해서 판매를 시작했지만, 너도나도 같은 제품을 다른 업체에서 오히려 더 저렴한 가격으로 판매할 수도 있다.

내가 선택한 제품을 검색해보면 이미 많은 양의 제품들이 검색되는 것으 볼 수 있는데, 검색되는 모든 제품들이 경쟁 상대다. 그래서 위탁 판매는 라이브 커머스 시작 단계에서 연습 판매로 해보길 권장한다.

② 재고 관리가 어렵다

직접 재고를 체크하지 않기 때문에 판매할 수 있는 재고의 수량이 얼마나 있는지 확인할 수가 없다. 그래서 주문을 받아서 발주했는데, 갑자기 품절이 되는 경우도 발생한다.

이런 관리는 미리 할 수 없으며 거래하는 도매 업체의 사정에 맞출 수밖에 없다. 그리고 구매자에게는 양해를 구하고 환불을 해야 한다.

사입 판매

　제품을 도매상이나 해외에서 싸게 구매한 후, 내가 보관하면서 다시 가격을 정해서 파는 것을 사입 판매라고 한다.
　사입 판매의 장점과 단점은 다음의 두 가지와 같다.

· 장점

① 마진율이 좋다

　괜찮은 제품을 사입해 제품의 구성이나 옵션을 다양하게 만들어서 경쟁업체들과 차별화되게 판매할 수 있다. 그리고 구매자들의 반응을 보면서 가격을 조절할 수 있다.

② 재고 관리가 쉽다

　재고를 내가 가지고 있기 때문에 어떤 상품이 얼마만큼 판매가 될지 예상이 가능하다. 그래서 위탁 판매처럼 주문을 받고도 도매 업체에서 제품이 없어서 판매하지 못하는 상황을 피할 수 있다.

· 단점

① 초기 자본금이 많이 든다

먼저 제품을 도매 업체에서 구매하거나 해외에서 구매 후 판매해야 하기 때문에 초기 자본금이 많이 들어간다. 또 제품 상세페이지나 제품 사진 촬영, 재고를 쌓아둘 창고 유지비 등 추가적인 자본금도 필요하다.

② 실패하면 리스크가 크다

위탁 판매와는 다르게 판매할 제품을 내가 미리 구매를 했기 때문에 쌓여 있는 재고를 판매하지 못한다면, 금전적인 손해는 전부 나의 몫이 된다. 제품을 가지고 있다가 손상되거나 파손되어 판매할 수 없는 상황이 되더라도 모든 손해는 나의 몫이 되니 주의해야한다.

제조 판매

제조 판매의 방법에는 다음의 두 가지가 있다.

① 판매할 제품을 직접 생산하거나 제조하는 방법

직접 농사짓고 재배한 농작물이나 바다에서 잡은 수산물을 판매하는 방법이다. 또한, 핸드메이드로 만든 공예품이나 음식 솜씨가 좋다면 김치나 수제청 등 자신 있는 제품을 만들어 판매하는 것도 좋은 방법이다.

② 제조사와 지분을 나누는 방법

만들고 싶은 제품의 아이디어가 있다면, 제품을 만들어줄 제조사를 찾아 함께 제품을 만든 후, 지분을 나누는 방법이다. 이 방법을 선택할 때는 정말 내가 잘 아는 제품을 만들어 판매하고, 공동 제조하는 제조사와의 관계도 잘 유지하는 것이 아주 중요하다.

앞에서 말했듯이 사람들은 이제 더 이상 이름 있는 브랜드에 목숨 걸지 않는다. 단지 아는 제품이니 안심하는 정도다. 오래된 브랜드보다 오히려 새로운 브랜드에 기대심과 호기심을 가지고 접근한다. 그러니 자신감을 가지고 자신에게 맞는 소싱 형태를 선택해서 라이브 커머스에 도전해보자.

배송에 목숨 걸어라

―――――――――●―

배송만큼 중요한 제품 포장

제품 포장에서 가장 우선시해야 하는 원칙은 고객의 위치까지 제품이 파손되지 않고 안전하게 도착하는 것과 나의 제품과 브랜드를 알리는 것이다.

이를 위한 제품 포장 방법을 세 가지로 정리하면 첫째, 파손되지 않게 제품 포장하기, 둘째, 가성비 좋게 제품 포장하기, 셋째, 광고와 마케팅으로 제품 포장하기가 있다.

첫째, 파손되지 않게 제품 포장하기

제품 포장의 기본은 제품이 파손되지 않는 것이다. '보기 좋은 떡이 먹기 좋은 떡'이라는 생각에 아무리 예쁘게 포장을 해도 정작 제품이 파손된다면 최악의 포장법이다.

제품 포장의 기본 방법은 하나의 제품에 하나의 포장을 하는 것이다. 조금이라도 저렴하게 포장하기 위해 상자 하나에 많은 제품을 포장하게 되면, 제품끼리 서로 부딪치면서 파손될 우려가 있다. 이럴 때는 낱개로 포장해서 분류한 후, 큰 상자에 넣어서 배송한다.

또 다른 방법으로는 완충제를 이용하는 것이다. 완충제로는 뽁뽁이라고 불리는 에어캡과 스티로폼이 있는데, 이를 이용해서 제품이 상자 안에서 흔들리지 않게 하는 것이 중요하다.

제품을 포장할 때는 비용이 조금 들더라도 제품이 파손되지 않게 포장하는 것을 최우선으로 해야 한다.

둘째, 가성비 좋게 제품 포장하기

옷처럼 외부 충격을 받아 파손되는 제품이 아니라면 포장 상자가 아닌 택배 비닐 봉투를 사용한다. 그리고 가끔 사용하는 큰 상자는 작은 상자를 이어붙여 만들어서 사용해도 된다. 제품이 판매되는 수량을 미리 파악해서 포장용 상자나 택배 봉투를 대량으로 구매해 단가를 낮추는 방법도 있다.

셋째, 광고와 마케팅으로 제품 포장하기

일반적인 광고나 마케팅보다 나의 제품을 구매한 고객을 상대로 광고를 한다면 조금 더 고객의 눈길을 끌 수 있다. 광고와 마케팅을 위한 포장법은 두 가지가 있다.

① 포장 상자에 제품의 로고 & 회사의 로고를 찍기
② 한 번 쓰고 버려지는 포장 상자 이외에 나의 제품과 브랜드를 알릴 수 있는 디자인의 쇼핑백을 함께 넣어 포장한다.

종이 쇼핑백보다 단가가 조금 비싸겠지만, 천으로 만든 쇼핑백은 버리지 않고 계속 사용하는 경우가 많아 광고 효과가 오랜 시간 지속된다.

별 다섯 개 배송하기

배송에서 신경 써야 하는 부분은 총 세 가지가 있다.

첫째, 빠른 배송

빠른 것을 좋아하는 우리나라 사람들은 배송이 빠르다는 이유 하나로 50%는 만족한다. 반대로 배송이 느리면 그만큼 불만감도 커진다. 이렇게 중요한 빠른 배송을 하기 위해서는 택배사와의 평소 관계와 거래가 중요하다.

빠른 배송을 하기 위해서는 다음의 네 가지를 확인해야 한다.

① 택배사별 집하 시간 확인

택배는 오전에 물건을 수거하는 오전 집하, 오후 2~3시에 물건을 수거하는 이른 오후 집하, 오후 5시 이후 물건을 수거하는 늦은 오후 집하, 이렇게 총 세 번의 집하를 할 수 있다.

이 중에서 판매자는 늦은 오후 5시 이후에 물건을 수거하는 늦은 오후 집하를 요청해야 한다. 이렇게 해야 당일 오후 5시 이전까지 주문받은 제품을 그날 바로 당일 배송할 수 있다.

② 당일 특급 배송

오전에 제품을 주문하면, 당일 늦은 오후 시간에 주문한 제품을 받을 수 있는 배송을 당일 특급 배송이라고 한다. 대형 택배회사나 우체국에서 가능하며, 오전 10~11시 이전에 집하를 완료하고 밤늦은 시간에 배송이 완료된다.

③ 퀵서비스 제공

구매한 제품을 개인 사정 때문에 급하게 받아야 하는 구매자들이 있다. 또 특별히 성격이 급해서 기다리지 못하는 구매자들도 있다. 이런 구매자들에게는 퀵서비스가 가능한 거리라면 퀵서비스를 이용해 빠른 배송에서 오는 만족감을 줄 수 있다.

④ 항상 준비 완료

판매자가 늦게 준비해서 배송이 늦어지는 경우가 있다. 재고 파악이나 포장 용품, 택배사별 집하 시간을 미리 확인해 항상 모든 준비가 되어 있어야 한다. 배송할 제품이 많은 경우에는 택배사별 집하 시간이 다른 것을 활용해 일찍 집하하는 택배사와 늦은 오후에 집하하는 택배사에 요청해서 배송에 허술함이 없어야 한다.

둘째, 가격 좋은 배송

제품이 똑같다는 가정하에 배송비가 제각각 다르다면, 구매자는 반드시 배송비가 제일 저렴한 판매자의 제품을 구매할 것이다.

배송비 측정은 거래 기간과 상품의 무게와 부피, 매달 배송 건수에 의해 측정된다. 그러므로 판매자는 구매자의 배송비에 대한 부담을 줄여주기 위해 택배사와의 관계나 거래 실적을 잘 유지해야 한다.

셋째, 배송 실수 방지

배송 실수는 판매자가 포장하면서 택배 상자에 다른 구매자의 송장을 붙여서 발생하는 경우다. 특히 배송할 제품이 많은 경우에 더 많이 실수가 일어나고, 제품이 누락되는 경우도 있다. 이런 실수를 방지하기 위해서는 배송 전 다음의 세 가지를 꼭 확인해야 한다.

① 주문받은 주문서와 운송장이 일치하는지 이름, 주소, 휴대폰 번호, 요청사항 등을 확인한다.
② 운송장에 적혀 있는 상품, 수량, 사은품 요청사항을 잘 확인하고 준비한다.
③ 상자에 테이프를 붙이기 전에 한 번 더 운송장 내용과 포장한 내용물이 같은지 확인하고, 그 자리에서 바로 테이프를 붙이고 송장을 붙여서 마무리한다.

제품 배송만 완벽하게 되어도 구매자의 만족도가 올라가고, 그 만족도는 신뢰도로 이어진다. 내 제품을 믿고 구매해준 구매자들에게 감사하며, 판매한 제품이 무사히 배송될 수 있도록 마지막까지 철저히 신경을 써야 한다.

잘 팔리는 상품은 따로 있다

───────●─

잘 팔릴 확률 높이기

사실 라이브 커머스를 시작하면서 가장 힘든 것이 마음에 드는 제품을 선택하는 것이다. 제품력이 좋은 제품은 라이브 커머스 시장에서 셀러의 신뢰를 높여줄 수 있는 좋은 도구이기 때문이다. 세상에는 수천만 가지의 제품들이 있고, 그중에서 내가 잘 판매할 수 있는 제품과 상품성이 우수한 제품을 선택하는 노하우는 분명히 필요하다.

잘 팔리는 제품을 확인하는 기준에는 크게 다섯 가지가 있다.

첫째, 판매 제품의 시장 크기를 확인한다.

아무리 좋은 제품이라도 그 제품을 찾는 사람이 적다면 판매하기가 힘들 것이다. 그래서 제품을 선택할 때는 인스타그램이나 페이스북, 또는 블로그에 관련 해시태그와 게시글이 있는지 확인해보아야 한다. 제품을 판매하기 위해서는 반드시 마케팅이 필요하고, 마케팅 대상이 분명하게 정해져 있어야 한다.

예를 들어, 내가 운동복 관련 상품을 판매할 때 피트니스센터에 나의 제품을 홍보하면 이미 다양한 운동복을 입어본 사람들이 나의 제품을 자연스럽게 관심 있는 사람에게 알려줄 가능성이 크기 때문이다.

둘째, 재구매가 이뤄지는 제품인지 확인한다.

짧게는 1개월에서 길게는 3개월에 한 번 정도 구매하게 되는 제품들이 있다. 비누와 샴푸, 화장지, 치약, 칫솔, 화장품 등등 생필품 같은 제품들이 여기에 해당한다. 이런 제품들은 한번 만족하면 제품 유목민 생활을 정리하고 정착해서 습관적으로 구매한다는 장점이 있다.

셋째, 평균 판매 금액이 2~10만 원 이하인지 확인한다.

다섯 가지 항목 중 가장 중요한 항목이라고 볼 수 있다.

추천하는 금액대는 2~6만 원대의 제품을 추천한다. 너무 저렴한 1만 원 이하의 제품들은 많은 셀러들이 접근하기가 쉬워 가격경쟁이 심하다. 그래서 무조건 저렴한 가격의 제품은 오히려 독이될 수가 있다. 제품력이 뛰어나고 믿을 수 있는 제품을 고객들에게판매하는 것이 가격보다 중요하다.

넷째, 달력을 확인한다.

평소에는 시즌 유행이 없는 무난한 제품을 주력 제품으로 판매한다. 하지만 새로운 달을 시작하기 전에 달력을 확인해 매달 어떤공휴일이나 기념일이 있는지 살펴보고, 내가 잘 판매할 수 있는 제품을 선택해 그 시즌에 맞춰서 마케팅을 해야 한다.

예를 들어, 친환경 제품을 판매하고 싶으면 환경의 날에 판매한다. 그러면 제품에 대한 높은 관심과 반응을 얻을 수 있다. 또 5월가정의 달을 맞이한다면 건강 관련 제품이나 선물하기 좋은 제품들이 눈길을 사로잡는다. 이외에도 명절과 크리스마스 등 엄청난 소비가 일어나는 시즌 제품을 잘 활용해서 마케팅해야 한다.

다섯째, 필수품인지 확인한다.

생활에 꼭 필요한 제품인지, 아니면 감성 사치품인지를 확인한다. 예를 들어, 결혼해서 신혼집을 꾸미려면 침대, 이불, 수건, 드

라이기, 식기, 세제 등이 구매 필수제품군에 포함된다.

그 외 액자, 꽃병, 인형, 장식품 등은 감성을 채워주는 제품이라고 볼 수 있다. 감성 사치품이 나쁘다는 이야기는 아니다. 하지만 필수품 대비 수요량이 많지 않으니 감성 마케팅을 잘 해야 한다.

무턱대고 감으로 제품을 선택하기보다 어제보다 1,000원이라도 더 버는 방송을 하기 위해서는 제품을 선택할 때부터 신중해야 한다. 좋은 제품은 라이브 커머스 방송의 엔진이다.

제안서를 보내라

잘 팔릴 확률 높이기

TV를 보다가 재미가 떨어지는 장면이나 광고가 나오면 리모컨으로 이리저리 채널을 돌리는 시청 패턴을 재핑(zapping)이라고 한다.

돌아가는 채널 속에서 흥미가 있는지, 없는지를 판단하고 그 채널에 머물지, 다시 채널을 바꿀지를 결정하는 데 걸리는 재핑의 시간은 불과 '3초'밖에 되지 않는다. 즉, 사람은 무의식중에 눈에 보이는 정보를 3초 만에 좋고 나쁨, 그리고 싫음을 판단한다는 뜻이 된다.

제안서에도 재핑은 존재한다. 특히 부정적인 판단인 싫다, 나쁘

다를 생각하고 판단하는 데는 3초도 걸리지 않는다. 읽고 있는 제안서의 첫인상이 좋지 않으면, 결과가 바뀌는 일은 거의 없다. 한 번 보고 난 다음 더 이상 눈길을 주지 않기 때문이다.

'좋은 제안서'라고 생각하도록 제안서를 '읽는 것'이 아니라 보고 '직감'할 수 있게 만들어서 보내라.

재핑 없는 제안서, '이것'을 다르게 해라

첫째, 제안서를 보내는 목적과 대상을 확인하고 보내라.

제안서를 보낼 때 공급자의 입장에서 라이브 커머스를 진행할 셀러에게 내가 가지고 있는 제품과 브랜드에 관한 제안서를 보내는 것인지, 셀러의 입장에서 라이브 커머스를 진행할 제품을 받기 위한 제안서인지를 판단하고 목적과 대상에 적합한 제안서를 만들어야 한다.

제안서를 읽는 사람에 대해 알아보는 것은 제안서를 작성할 때 지켜야 할 첫 번째 과정이다.

둘째, 6W2H로 설득해라.

제안서를 만들고 보내는 목적은 제안서를 받은 사람이 OK라고 말하게 하는 것이다. 그러기 위해서는 판단을 위한 자료가 필요하다.

6W2H를 분명하고 보기 좋게 써서 제안서를 받은 사람이 원활한 의사결정을 하는 데 도움을 주자.

· What(무엇을?)

제안서가 전하는 주제다. 단순하게 OO 제안서가 아니라 구체적으로 이 제안서를 보는 사람이 판단하고 검토할 수 있는 정보를 쓴다.

· Who(누가?)

제안서를 보내는 사람이나 팀명을 이야기한다. 우리가 스팸메일은 읽지 않으려고 하듯이 보내는 사람 이름을 정확히 기입해놓지 않으면, 제안서를 받은 상대 또한 어떠한 일도 하지 않을 것이다.

· When(언제?)

일정을 넣어야 하는 경우는 날짜와 시간도 쓴다.

· Where(어디서?)

장소를 써야 하는 경우는 주소와 함께 지도 등의 이미지도 첨부하는 것이 좋다.

· Why(왜?)

제안서를 만들기 전에 제일 먼저 생각해야 할 사항이다. 제안서를 만드는 것은 어떠한 목적을 이루기 위한 것이므로 그것을 정확하게 한다.

· Whom(누구에게?)

누구의 마음을 움직일 것인지를 생각하고 제안서를 작성해야 상대의 마음을 움직일 수 있다.

· How(어떻게?)

방법이나 수단은 간략하게 쓴다.

· How much(얼마에?)

비용에 관련된 내용이 들어가야 제안서를 받은 사람이 검토와 결제를 할 수 있다.

셋째, 제목은 명확한 한 줄로 써라.

영화나 책을 살 때 제목이 끌려서 구매하는 경우가 있다. 제안서도 마찬가지다. 제안서를 받은 상대의 마음을 움직일 첫인상, 제목이 중요하다. 제목은 표지 한 장만 보고도 내용이 어떻게 진행되는지 알 수 있게 한 줄로 명확하게 쓰는 것이 좋다.

넷째, 두괄식으로 처음부터 말해라.

제안서를 보낸 상대에게 OK를 듣기 위해서는 두 가지 방법이 있다.

한 가지 방법은 불필요한 말을 '걸러내는 것'이고, 또 다른 한 가지는 '소개하는 순서'다. 제안서 자료에서는 '결론 = 하고 싶은 말'을 '두괄식'으로 처음부터 소개해야 한다.

"OO은 OO입니다(결론)" + "이유는~ 또는, 왜냐하면~(상세 설명)"이라는 구성으로 내용을 소개한다.

그리고 결론은 간단해야 한다. 결론을 두괄식으로 앞으로 가지고 왔지만, 그 결론이 장황하게 길면 읽는 사람은 결론을 보면서 무엇이 핵심인지 파악하며 읽어야 한다. 이 과정이 결정하는 데 방해 요소가 된다.

다섯째, '이익입니다'라는 말로 마음을 움직여라.

마음을 얻는 제안서를 만드는 데 결정적인 두 가지 요소가 있다.

한 가지는 금액이다. 제안서를 읽는 사람은 가지고 있는 예산을 머릿속으로 생각하며 제안서를 본다. 가끔 '비용 별도 문의'라고 표시하는 경우가 있는데, 이는 바람직한 방법이 아니다.

10원 하나까지 정확한 금액을 써놓지 않더라도 대략적인 예산

금액만 제시해도 제안서를 보는 사람은 빠르게 검토하고 결정할 수 있다.

또 다른 한 가지는 얻게 되는 이익이다. 얻게 되는 이익은 '물질적인 것'과 '감정적인 것'이 있다. '할인율이 20%다', '효과가 50% 상승한다' 등은 눈에 바로 보이는 물질적인 이익이다. 감정적인 것은 '재미있음', '좋아함', '신선함' 같은 무의식중에 느끼는 감정이다. 사람은 결정을 할 때 반드시 감정적인 이익에 영향을 받는다.

예를 들어 제안서를 읽는 사람이 나이가 많은 경우, 글씨 크기를 키워서 보낸다면, 제안서를 읽고 있는 상대의 무의식 속에 '보기 쉽다'라고 느끼는 이익을 제공할 것이다.

여섯째, 나를 한 단어로 표현해라.

거래처나 직장 상사와 엘리베이터를 같이 타고 있는 것과 같은 짧은 순간에 어떤 것을 제안하는 것을 '엘리베이터 스피치'라고 한다. 15~20초밖에 되지 않는 시간 내에 내가 전하고자 하는 내용을 명확하게 이야기하려면, 잘 정리된 문구를 만들어야 한다. 이는 제안서에서 자신을 어필할 때도 사용할 수 있다.

예를 들면, '말 한마디 안 해도 통과하는 제안서 전문가 남달라'

라고 나를 홍보할 수도 있다. 여기서 더 짧게 전하려면 '제안서 달인 남달라'다. 이렇게 한 단어를 제목이나 자신의 프로필 쓰는 곳에 사용한다.

일곱째, 감사 인사와 함께 연락처가 기재된 서명을 해라.

제안서를 제출할 기회를 준 것에 감사의 뜻을 전하면서 자신의 연락처와 메일 주소 등을 마지막 페이지에 작성한다. 제대로 된 제안서로 인해 나의 제품 브랜드가 올라가고 나의 퍼스널 브랜드의 가치가 올라간다.

다음의 체크리스트를 확인해서 재핑이 없는 제안서를 만들어 제안서가 계약서로 돌아오게 만들어보자!

체크리스트
☐   1. 제안서를 보내는 목적과 대상을 확인했는가?
2. 6W2H로 설득했는가? ☐   ❶ What(무엇을?) ☐   ❷ Who(누가?) ☐   ❸ When(언제?) ☐   ❹ Where(어디서?) ☐   ❺ Why(왜?) ☐   ❻ Whom(누구에게?) ☐   ❼ How(어떻게?) ☐   ❽ How much(얼마에?)
☐   3. 제목은 명확한 한 줄로 썼는가?
☐   4. 두괄식으로 처음부터 말했는가?
☐   5. '이익'이라는 것을 느끼게 했는가?
☐   6. 나를 한단어로 표현했는가?
☐   7. 감사 인사와 함께 연락처가 기재된 서명을 했는가?

SNS 마케팅에
집중하라

누군가 "SNS 마케팅이 꼭 필요한가?"라고 질문한다면, "꼭 필요하다! 그것도 반드시 필요하다!"라고 대답하고 싶다. 이미 전 세계는 SNS 열풍을 넘어 광풍이 불고 있다. 주위에 SNS를 하지 않는 사람을 찾기가 어려울 정도로 많은 사람이 SNS를 사용하고 있으며, 이제 SNS 마케팅은 개인을 넘어 수많은 기업까지, 선택이 아닌 필수가 되었다.

그렇다고 무작정 아무런 전략도 없이 SNS 마케팅을 시작하면 악플보다 무서운 무플로 관심 하나 받지 못하고 SNS 마케팅에서 실패의 쓴맛을 볼 것이다.

그럼 성공적인 SNS 마케팅을 위한 다섯 가지 비법과 흔히 하게 되는 다섯 가지 실수에 대해 알아보자.

성공한 인플루언서들의 SNS 마케팅 비법 베스트 5

첫째, 프로필 작성은 최선을 다해서 해라.

가장 기본인 프로필 작성을 대충 하고 넘어가는 사람들이 많다. 하지만 프로필은 SNS 마케팅을 할 때 가장 기본이면서도 중요한 부분이다. 프로필을 작성하는 곳에 임팩트 있는 나의 소개, 공개할 수 있는 연락처, 해당 SNS 외의 외부링크 등을 꼼꼼하게 적어서 신뢰감을 높여야 한다.

둘째, 성실하고 꾸준히 올려라.

하루에 최소 하나씩은 콘텐츠를 올려야 한다. 꾸준한 업로드는 신뢰감을 상승시킨다. 또한, SNS는 쌍방향 소통이 중요한 만큼 댓글이 달리면 댓글에 빨리 반응해야 한다.

셋째, 공유하고 싶은 콘텐츠를 올려라.

설정한 타깃층에 맞는 콘텐츠인지 주제, 이미지, 키워드 등을 다시 한번 확인한다.

넷째, 흥미롭지 않은 콘텐츠는 과감히 덜어내라.

흥미롭지 않은 콘텐츠를 삭제함으로써 중요한 콘텐츠에 더 집중하게 된다. 다양한 SNS가 존재하고 SNS마다 다른 특징이 있다. 이미지가 어울리는 SNS에 텍스트에 집중해서 콘텐츠를 업로드했다면 흥미가 반감된다. 이럴 때는 열심히 콘텐츠를 만들었더라도 과감히 삭제해야 한다.

다섯째, 벤치마킹할 SNS를 찾아라.

이도 저도 모르겠다면 나보다 먼저 시작한 사람을 따라 하는 게 최고다. 잘 운영되고 있는 SNS 중 내가 운영하고 싶은 방식이나 느낌을 가진 SNS 계정을 찾아서 거기에 올라오는 사진과 글을 꼼꼼히 체크한다. 어떤 사진과 글이 반응이 좋은지와 얼마 만에 업로드되는지도 체크해야 한다.

모르면 누구나 하는 실수 베스트 5

첫째, 여러 우물을 판다.

SNS를 떠올리면 인스타그램, 페이스북, 유튜브, 블로그 등 수많은 플랫폼이 생각난다. 주의할 것은 이 많은 SNS에 마케팅을 다 할 수 없다. SNS마다 돋보이는 콘텐츠가 다르기 때문에 마케팅의 형태도 다르다.

가장 이상적인 운영은 두 개 정도다. 너무 많은 SNS 운영은 한 가지 주제의 콘텐츠를 공유하면서 최고의 효과를 낼 수 없고, 꾸준하게 할 수 있는 힘을 떨어뜨린다.

둘째, 작전을 짜지 않는다.

마케팅의 세계는 전쟁에 가깝기에 작전을 꼭 필요로 한다. 전쟁에 나가는 장수가 작전을 짜지 않고 맨몸으로 나가는 경우는 없다. SNS 마케팅도 실제 마케팅이라고 생각해서 작전을 짜고 콘텐츠를 업로드해야 한다.

셋째, 콘텐츠의 양을 조절하지 못한다.

너무 빈번한 업로드는 보는 이로 하여금 피로감을 높이고 너무 적은 업로드는 금방 잊힌다. 적절한 콘텐츠 업로드 주기와 양을 찾아서 일정하게 지켜야 한다.

넷째, 쌍방향 소통을 하지 않는다.

흔히들 많이 하는 실수다. 소통하지 않고 내가 준비한 콘텐츠만 올리는 것이다. 하지만 SNS의 기본은 쌍방향 소통임을 꼭 기억해야 한다. 댓글이 달리면 그 댓글에 답을 남기고, 후기가 올라오면 찾아가서 '좋아요'를 누르면서 함께 소통해야 한다.

다섯째, 분석을 하지 않는다.

눈앞에 보이는 간단한 수치만으로는 효과적인 마케팅을 할 수 없다. SNS 플랫폼에서는 생각보다 여러 가지 정보를 제공한다. '좋아요' 수나 팔로워 수 등의 증감과 그것을 표현한 그래프 등이 제공된다. 이것들을 제대로 분석해서 어떤 콘텐츠가 반응이 좋았는지, 아니면 반응이 없었는지를 파악하고 다음 콘텐츠를 기획해야 한다.

SNS 마케팅을 처음부터 잘하기는 힘들다. 어느 정도 시행착오를 겪더라도 각 SNS에서 원하는 콘텐츠와 타깃층을 잘 분석해서 SNS 마케팅을 한다면, 분명 꾸준히 성장하는 데 좋은 효과를 발휘할 것이다.

이성적으로 서비스하지 말고
감성적으로 서비스하라

마음을 움직이는 서비스

라이브 커머스의 셀러는 단순히 제품을 판매하는 셀러의 역할만 하는 것이 아니다. 개인 방송으로 제품을 판매하는 라이브 커머스에서 셀러는 다양한 역할을 해야 한다.

방송에서 보여지는 쇼호스트의 역할 이외에 방송 촬영에 필요한 PD의 역할, 제품을 소싱하는 MD의 역할, 그리고 제품 세팅과 카메라, 조명 세팅뿐만 아니라 제품이 팔리고 나서 해야 하는 서비스 관리, 제품 배송 등 혼자서 다양한 역할을 해야 한다.

라이브 커머스를 장기적으로 보고 더 큰 시장으로 나아가기 위해서는 제품을 판매하고 끝이 아닌, 판매 후 서비스 관리 또한 잘해야 한다.

SNS를 활용한 서비스

SNS를 활용한 서비스에는 두 가지가 있다.

① '전부 대답해줄게!' - 모두 답하기

SNS로 문의가 오는 구매자들이나 잠재적 구매자들의 댓글에 모두 답을 하면 된다. 댓글뿐만 아니라 다이렉트 메시지나 구매 제품을 리뷰한 글도 찾아가 댓글을 남기면 좋다.

댓글을 남기고 문의에 답하는 것은 특별한 기술을 필요로 하지 않지만, 방송의 매출이나 셀러의 이미지와 신뢰에 큰 영향을 준다.

한 연구에 따르면, SNS 문의에 답을 게으르게 했을 경우 구매자들의 불만이 15%까지 올라갔다고 한다. 이것은 SNS에서 소통하지 않으면 다음 방송 매출이 줄어들 수 있다는 것을 의미한다.

반대로 생각하면 단순히 SNS에서 소통만 하는 것으로도 판매 매출이 증가할 수 있다는 것을 의미하기도 한다. 문의 중에서는 단순한 제품에 관한 문의도 있겠지만, 대답하기 힘든 부정적인 글들도 있을 것이다. 이럴 때는 불만을 해결하기 위해 공개된 일반 댓글이 아닌 다이렉트 메시지나 따로 연락을 부탁하는 것이 좋은 방법이다.

② '답답하게 하지 않을게!' – 빠른 응답하기

요즘 사람들은 모두 빠른 응답을 원한다. 인터넷 속도뿐만 아니라 택배 배송, 배달 음식까지 모든 서비스가 빨라진 만큼 질문에 대한 답 또한 빠르게 응답해주길 기다리고 있다.

한 설문조사에 의하면, 이메일을 통해 문의한 사람 56%는 답변까지 1일 이상을 예상하고 문의했지만, SNS를 통해 문의한 50%의 사람은 1시간 안의 답변을 기대한다고 했다. 이것은 SNS에서 효과 좋은 서비스를 제공하기 위해서는 실시간으로 SNS를 확인해야 한다는 것을 의미한다.

이제 SNS는 더 이상 시간 낭비가 아니라 시간을 투자해서 꼭 해야 하는 서비스 방법이다.

부가가치 높이는 서비스

단순히 제품만 판매하는 것이 아니라 판매되는 제품의 가치 및 서비스의 질을 높여주는 콘텐츠에 집중한다면, 정보 전달만 하는 서비스보다 구매자들의 만족도가 클 것이다.

예를 들면, 밸런타인데이 시즌 때 직접 만들어서 선물하는 수제 초콜릿 패키지를 판매한다고 생각해보자. 방송에서 이미 잘 만들어진 초콜릿만 보여주며 판매하는 것도 물론 나쁘지는 않다.

하지만 조금 더 간편하고 예쁘게 초콜릿을 만들 수 있도록 콘텐츠를 제작하자. 전문적으로 초콜릿을 만드는 쇼콜라티에가 아니더라도 일반인도 만들어 선물하는 과정을 사진과 영상으로 만든다. 그리고 인스타그램, 페이스북, 블로그, 유튜브 등 운영하는 SNS에 업로드시켜 방송할 때 SNS에 상세한 영상이 올라와 있다고 이야기한다면, 초콜릿의 부가가치를 높이는 좋은 서비스가 될 것이다.

또는 판매된 제품을 배송할 때 제품과 함께 쉽게 만드는 레시피 인쇄물 또는 QR코드를 함께 제공한다면, 제품의 부가가치를 높여주는 좋은 서비스 방법이 될 것이다.

고민 해결 서비스

제품을 판매하면서 요청사항이 많았던 부분을 해결하고 변경된 사항을 SNS에 업로드시켜 개선된 사항을 알린다. 물론 방송에서도 이야기해야 한다.

예를 들면, 농산물이나 대용량 제품들은 소포장 제품이나 같은 양이라도 나눔 포장을 원하는 경우가 있다. 이럴 경우는 같은 양을 판매하더라도 나눔 봉투나 보관용 봉투를 제품과 함께 배송한다. 함께 보낸 봉투에는 '나눔용'이라는 것을 알리는 스티커나 인쇄물을 부착해서 어떻게 사용하는지 설명과 함께 보낸다면, 셀러의 세심한 배려가 느껴지는 서비스가 될 수 있다.

눈에 바로 보이는 서비스보다 눈에 보이지 않는 감성이나 배려로 구매자들의 마음을 사로잡아야 단기간만 잠시 늘어나는 매출 증가가 아닌 장기간의 매출 증가로 이어질 수 있을 것이다.

CHAPTER 3

돈빨 받는
라이브 커머스 테크닉

보이는 것

----------------●-

비주얼로 승부해라!

미국 UCLA의 심리학과 명예교수인 앨버트 메라비언(Albert Mehrabian) 박사의 연구 결과에 의하면, 메시지를 전달할 때 말의 내용은 불과 7%만 차지하며, 나머지는 비언어적 요소인 시각(55%)과 청각(38%)이 차지한다고 한다. 이를 메라비언의 법칙이라고 한다. 말의 내용보다는 보이는 시각이 훨씬 중요하다는 의미다.

일단 방송을 시작하면 밝게 웃으면서 해야 한다. 보는 사람이 많든 적든, 제품이 잘 팔리든 적게 팔리든, 늘 밝은 에너지를 유지해야 망설이던 사람들도 셀러에 대한 신뢰를 느끼고, 이는 구매로 연결될 수도 있다.

라이브 커머스는 전문 세트장이 아닌, 집에서 편하게 방송을 할 수 있다. 집에서 편하게 방송을 한다고 해서 기본적인 외모 확인도 하지 않고 방송을 켜서는 안 된다.

입고 있는 옷이 깨끗하고 제품의 콘셉트와 잘 맞는지, 메이크업이 너무 과하지는 않은지, 머리가 단정한지, 손톱 상태가 깨끗한지 등 기본적인 비주얼을 점검해야 한다.

습관 따위 날려버려!

자신도 모르는 자기만의 습관이 있다. 머리 쓸어 넘기기, 눈 깜빡거리기, 손톱 물어뜯기, 코 만지기 등 평소에는 아무렇지도 않았던 습관들이 카메라 앞에서는 굉장히 산만하게 느껴지고, 이는 내가 하는 말의 전달력을 떨어뜨린다.

방송 모니터링을 하면서 자신의 습관을 빨리 찾고, 의식적으로 고쳐나가야 한다. 제스처를 너무 과하게 사용하는 것도 연극을 하는 것처럼 부자연스러워 보일 수 있다.

반대로 제스처를 너무 사용하지 않고 가만히 있으면 보는 사람이 너무 지루해지고, 긴장되어 보여 불안해질 수 있다. 적절한 제스처는 가슴을 기준으로 가로는 어깨너비에서 20~30cm 정도가 가장 안정적이고, 세로는 배꼽에서 입 정도까지가 가장 안정적이다.

또한 어깨는 당당하게 펴고 방송해야 한다. 긴장하게 되면 가슴은 웅크리게 되고 어깨는 펴지지 않아 자꾸 위축된다. 하지만 이는 방송에 전혀 도움이 되지 않는다. 보는 사람 입장에서는 자신감 없어 보이고 의기소침해 보여 셀러에 대한 신뢰감이 들지 않는다. 긴장될수록 자세를 반듯하게 잡고 어깨를 당당하게 펴면, 숨쉬기도 편안하고 긴장했던 마음도 한결 좋아진다.

너 어디 보니?

방송할 때뿐만이 아니라 평소 대화에서도 시선 처리는 매우 중요하고 필요하다. 상대방과 시선을 맞추지 못하거나 눈동자를 자꾸 굴리는 모습은 불안해 보이고 거짓말을 하는 느낌을 받을 수 있다. 방송에서도 마찬가지다. 셀러가 카메라를 제대로 보지 않고 대

본을 작성해 붙여놓는다든지 다른 모니터를 자꾸 본다면, 방송을 보는 사람들은 셀러와 아이 콘택트가 되지 않는다.

특히 라이브 커머스 방송은 소통하며 대화하듯이 하는 방송이기에 아이 콘택트가 되지 않고 시선 처리가 불안정하면 셀러의 설득력을 떨어뜨린다.

가장 자연스러운 시선 처리는 카메라 렌즈를 바로 보는 것이지만, 스마트폰 액정을 봐도 시선을 자연스럽게 바라보는 것처럼 보인다.

그리고 2 MC로 방송을 진행할 때는 너무 카메라만 정면으로 보면서 상대에게 눈짓만 하면 방송을 보는 사람들은 MC들이 서로 째려 보는 것처럼 보일 수 있다. 2 MC로 방송을 할 때는 몸을 살짝 상대방 쪽으로 향하게 앉아서 대화하듯이 자연스럽게 서로를 보는 것이 가장 보기가 좋다.

누군가가 화난 표정을 하고 "난 정말 행복해"라고 말한다면 아무도 그 말을 믿지 않을 것이다. 라이브 커머스 방송을 할 때도 마찬가지다.

방송에서 보이는 표정과 제스처, 판매할 제품에 맞는 콘셉트의 코디까지 비언어적 요소를 적절하게 활용하면 매출의 효과를 상승시킬 수 있을 것이다.

들리는 것

눈으로만 보니? 이젠 귀로도 본다!

ASMR(자율 감각 쾌락 반응)이 유행인 요즘, 눈으로만 보는 것이 아니라 귀로도 본다고 할 만큼 들리는 소리가 중요하게 되었다. ASMR은 TV 광고에서도 종종 볼 수 있다.

크래커의 바삭거리는 소리와 비닐봉지의 바스락거리는 소리, 치킨의 바삭한 식감 등을 담은 소리를 ASMR을 활용해 광고로 만들었다. 조용한 광고라고 불리며 온라인에서는 일부러 찾아서 듣는 사람들까지 생겨났다. ASMR의 콘텐츠를 소비하는 사람들이 생겨난 만큼 라이브 커머스 방송에서도 이것을 활용해 방송하는 것이 좋다.

음식은 특히 맛이 중요한데 맛은 보이는 것도 중요하지만, 후각의 비중 역시 크다. 하지만 카메라를 넘어 냄새를 전달할 수는 없다. 눈으로 볼 수 있게 잘 보여줬다면, 이번에는 후각 대신 소리로도 잘 보여줘야 한다.

예를 들면, 고기를 판매할 때 고기가 팬 위에서 지글지글 익어가는 소리를 마이크를 이용해서 잘 들려주는 것이 좋다. 또 고기를 먹을 때 씹는 소리를 잘 잡아내 들려주면 구매 욕구를 상승시킨다.

시원한 음료를 활용해 수제청을 판매한다면, 얼음이 살짝 부딪히는 소리나 탄산수를 컵에 붓는 소리, 탄산이 올라오는 소리를 잘 들려주는 것이 좋다.

음식뿐만 아니라 화장품의 경우, 제품을 만졌을 때 느껴지는 질감을 소리로 들려주면 눈으로만 보는 것보다 훨씬 구매 욕구를 높인다(예를 들면, 스크럽 제품은 알갱이가 롤링되는 소리, 무스 타입 제품은 휘핑크림 같은 풍성한 거품 소리 등).

마음의 안정감을 주는 ASMR을 잘 활용하면 찾아가는 방송이 아니라 찾아오는 방송이 되어 꾸준한 인기를 얻을 수 있을 것이다.

귀에 쏙쏙 꽂히는 설명

제품을 매력적으로 보이게 귀로 들려주었다면, 이번에는 셀러의 차례다. 신뢰감 있는 셀러로 보이기 위해서는 제품의 설명을 귀에 쏙쏙 들어오게 잘해야 한다. 판매할 제품의 기본적인 정보를 헷갈리지 않을 정도로 외운 다음, 누구나 알기 쉽고 많이 쓰는 단어로 이해하기 쉽게 말해 공감을 얻어야 한다.

잘난 척을 하고 싶어 알기 어렵고 많이 쓰지 않는 단어를 일부러 쓴다면, 이를 들은 사람들은 셀러의 말에 전혀 공감하지 못할 것이다. 방송을 보는 사람은 공감이 떨어지면 방송을 봐주지 않는다. 그리고 이는 매출로 이어진다.

들리는 건 장점뿐

제품의 단점을 장점으로 들리게 해야 한다. 약점과 단점은 미묘한 차이가 있다. 약점은 다른 것을 이기는 것에 방해가 되는 취약한 점이지만, 단점은 누가 봐도 드러나기 쉬운 결점이다. 약점이 급소라면, 단점은 허점이다. 그러니 판매하는 제품의 약점은 보호하면서 '단점은 아무런 문제가 되지 않는다'로 들릴 수 있게 해야 한다.

예를 들어, 용량이 작은 화장품을 판매한다고 생각해보자. 양이 적어서 빨리 쓰겠다는 질문이 들어오면, 용량을 숨기기보다 양은 적지만 소량만 사용해도 고농축이기 때문에 실제로는 양이 많은 제품과 사용 기간이 비슷하다고 해야 한다.

무조건 장점만 강조하기보다 단점을 자연스럽게 이야기하면서 단점이 장점으로 느껴지게 방송을 보는 사람들의 귀에 들릴 때 방송의 분위기가 밝아지고 더 큰 공감을 얻을 것이다.

심리적 안정감을 주는 ASMR 소리도, 셀러의 입에서 나오는 긍정적인 말이나 부정적인 말도 모두 방송을 보고 있는 사람들의 귀를 자극한다. 방송을 보는 사람들의 눈살이 찌푸려지지 않게 밝은 소리의 에너지를 전해야 한다.

쓰이는 것

어서 와, 방송은 처음이지?

라이브 커머스 방송을 더욱 돋보이게 할 수 있는 힘은 방송 장비에 있다. 시중에는 너무나 많은 장비가 있고, 금액의 차이도 너무 크다. 하지만 처음 방송을 시작할 때 너무 무리하게 고가의 장비를 구매하기보다는 내가 진짜 필요한 장비가 무엇인지 생각하고, 부담이 가지 않는 선에서 장비를 세팅하는 것을 추천한다.

스마트폰 준비

최근 출시되는 스마트폰 카메라 성능은 상당히 좋아서 라이브 커머스 방송을 진행하는 데 아무런 무리가 없다. 다만 많은 앱이나 사진을 저장해서 스마트폰의 용량이 부족하면, 방송을 할 때 방해 요소가 될 수 있다. 또 촬영용 스마트폰이 아닌, 댓글 소통용으로 여분의 스마트폰이나 태블릿PC가 있으면, 더 원활하게 방송을 진행할 수 있다.

다양한 삼각대

스마트폰을 거치해둘 삼각대는 다양한 종류와 기능을 가진 제품이 시중에 나와 있다. 그중 라이브 커머스 방송에서 적합한 세 가지를 소개하겠다.

① 스마트폰 삼각대
요즘 누구나 하나씩은 가지고 있는 일반적인 스마트폰 삼각대라고 생각하면 된다. 방송을 처음 시작했을 때, 실내에서 부담 없이 사용할 수 있다.

하지만 너무 저렴한 삼각대는 성능이나 품질이 떨어져 비싼 스마트폰이 떨어져 부서질 수도 있고, 방송 중 스마트폰이 떨어진다면, 방송사고로 연결될 수도 있으니 너무 저렴하고 내구성이 약한 삼각대는 피하는 것이 좋다.

② 다관절 스마트폰 스탠드

생방송에서 가장 중요한 것은 순발력이다. 다관절 스마트폰 스탠드는 상황에 맞춰서 높이와 각도 조절이 빠르게 가능해서 방송을 진행할 때 편리하다.

③ 스마트폰 짐벌

짐벌이라는 단어가 생소하게 들릴 수 있을 것이다. 짐벌은 간략하게 설명하면, 촬영 시 흔들림을 잡아주는 장비다. 수평을 잡아줘 스마트폰이 좌우로 기울어지거나 스마트폰을 들고 야외촬영이나 동선이 많은 촬영을 할 때 움직임을 매우 부드럽게 잡아준다.

흔들림이 많은 화면은 방송을 보는 사람이 어지러움을 느낄 수 있다. 그렇기에 동선이 많은 방송에서 짐벌이 아닌 일반 셀카봉을 사용한다면, 화면의 흔들림에 주의해서 방송해야 한다.

마이크

방송에서 셀러의 말소리가 깨끗하고 또렷하게 전달되어야 하는 것은 기본이다. 말소리뿐만 아니라 음식을 조리해서 먹는 방송을 한다면, 고기 굽는 소리, 국이 끓는 소리, 음식을 씹는 소리 등을 잘 전달하기 위해서 ASMR에 적합한 마이크를 준비해두는 것이 좋다.

또한, 야외촬영을 하면 무선마이크를 사용하는 것을 추천한다. 특히 산이나 바닷가, 농장 등 소음이 많은 공간에서 촬영한다면 무선마이크는 필수다.

조명

조명에 따라 전체적인 방송 화면 분위기가 달라진다. 조명이 너무 어두우면 방 안에 불을 끄고 있는 것처럼 화면이 답답하게 보인다. 반대로 너무 밝으면 색이 하얗게 날려 셀러의 얼굴이나 세팅해놓은 제품도 잘 보이지 않게 된다.

하지만 조명을 적절히 잘 사용하면 같은 화질의 스마트폰 카메라일지라도 훨씬 좋은 화면을 전달할 수 있다. 1인 방송 조명의 기본은

3점 조명(3 Point Lighting)이다.

① 주광 : 정면에서 비추는 메인 조명, 키 라이트(Key Light)

셀러를 가장 많이 밝히는 메인 조명이다. 전반적인 조명 방향을 결정한다.

② 부광 : 반대 방향에서 비추는 조명(Fill Light)

가시적인 그림자를 만들어내는 역할을 하면서 메인 조명을 보강해주는 용도다.

③ 후광 : 뒤쪽에서 어깨나 머리 등에 비추는 조명(Back Light)

배경과 셀러를 분리시켜주는 역할을 해서 좀 더 입체적인 화면 영상을 전달할 수 있다.

많은 사람이 라이브 커머스를 시작하기 전에 모든 장비를 준비해놓고 시작해야 한다고 생각한다. 하지만 처음부터 방송 장비에 힘을 주지 말고 방송을 진행하면서 '경험'을 통해 하나하나 갖춰가는 것이 더 좋다.

체크할 것

- 방송 전 체크 사항 -

방송은 일주일 전부터 시작!

방송 일정이 잡혔다면, 일주일 전부터 판매할 제품의 재고를 부족하지 않게 준비해야 한다. 또한 SNS를 활용해 방송 날짜와 시간을 미리 알려 사전 마케팅을 해야 한다.

예를 들어, 사전에 5월 8일 토요일 오후 8시에 어버이날 특집 스테이크용 한우 라이브 방송 특별 할인이라고 공지해둔다. 그럼 이를 본 팔로워들은 해당 날짜와 시간에 라이브 방송에서 할인된 가격으로 스테이크용 한우를 구매할 수 있다고 미리 정보를 얻을 수 있다.

그리고 제품의 기본적인 정보를 미리 외워야 한다. 셀러가 판매하는 제품의 브랜드, 가격, 사이즈, 용량 등의 기본적인 정보를 자꾸 틀리게 되면 굉장히 신뢰가 떨어진다. 구매자에게 신뢰감을 주기 위해서 판매할 제품의 기본적인 정보는 헷갈리지 않게 일주일 전부터 꼼꼼히 외우는 것이 좋다.

방송 하루 전

방송 하루 전에 체크해야 할 사항은 두 가지가 있다.

첫째, 큐시트를 만들어야 한다.
1인 방송이지만 라이브 방송은 어떤 돌발 상황이 생길지 모른다. 이런 상황에 대비해서 큐시트를 작성해서 준비해두면 당황하지 않고 방송을 원활하게 진행할 수 있다.

여기서 방송 초보도 바로 쓸 수 있는 큐시트 꿀팁을 소개하겠다.

큐시트 꿀팁

타이틀 : 판매 상품명 / 날짜 / 시간

1. 오프닝(본격적인 방송을 하기 전, 가벼운 이야기)
많은 사람들이 공감할 수 있는 날씨나 일상 이야기 등 사람들이 모이기 전까지 짧게 분위기를 환기시켜줄 이야기가 좋다.

2. 제품 이름 및 라이브 혜택 / 가격 / 구성
어떤 제품을 준비했는지 제품 이름을 이야기하고, 라이브 방송 중 얻을 수 있는 혜택과 가격 구성을 설명한다. 이때, 혜택과 가격 구성을 헷갈리지 않게 명확하게 이야기하거나 보여줄 수 있는 패널이 있으면 좋다.

3-1. 제품 자세히 소개
본격적으로 제품의 특징 설명과 셀링 포인트를 설명한다. 제품 특징과 셀링 포인트는 세 가지 정도가 적당하다.

3-2. 스토리텔링
셀러의 이야기, 제품 후기, 사야 하는 이유에 대해 감정 셀링 포인트를 이야기해서 제품을 필요하게 만든다.

3-3. 댓글 소통
제품을 설명하다 보면 댓글 소통에 소홀해질 수 있다. 제품을 소개하고 난

후 댓글을 확인해 중간중간 소통해야 한다. 반대로 댓글 소통에만 큰 비중을 두게 되면 셀링 포인트를 놓치게 된다. 적절한 댓글 소통이 중요하다.

4. 클로징
라이브 방송만의 혜택과 가격 구성을 한 번 더 강조하고, 셀링 포인트도 한 번 더 집어주면서 방송을 마무리한다. 다음 방송의 날짜와 예고를 전하는 것도 좋다.

오프닝과 클로징을 제외하고 1시간 기준으로 2~3-3번까지를 새로 들어오는 사람들을 위해 3~4회 정도 반복한다. 3-1에서 3-3 사이사이에 2번(라이브 혜택/가격/구성)을 넣어서 방송을 보는 사람이 가격과 구성이 궁금하지 않게 언급한다.

둘째, 방송할 동선을 체크하고 장소를 세팅한다.

라이브 커머스는 집이나 원하는 장소에서 방송을 진행할 수 있다. 그래서 무리하게 비싼 세트장을 빌리거나 할 필요는 없지만, 판매할 제품이 화면 속에 잘 보이는 장소로 준비해서 세팅해야 한다.

예를 들면, 음식을 조리하는 과정을 보여주면서 방송을 해야 하는 경우, 깨끗한 주방으로 세팅하고, 방송을 진행할 때 쉬운 동선을 체크해야 한다.

또 혹시 조명을 사용할 경우, 전날 미리 방송을 할 시간과 같은 시간에 조명 세팅을 해보는 것이 좋다. 조명이 햇빛과 만났을 때 빛

번짐 현상 때문에 실제 제품의 색감과 많이 차이가 날 수 있다. 전날 조명을 미리 세팅해서 실제 색과 최대한 가깝게 보이도록 조명의 위치나 밝기를 조절해야 한다.

방송 당일

방송 당일 체크해야 할 사항은 총 네 가지다.

① 용모 체크

방송을 보는 사람들은 셀러의 멋지고 예쁜 모습을 기대하는 것이 아니다. 하지만 오프라인 매장에서 제품을 판매할 때도 기본적인 단정한 용모는 필수다. 마찬가지로 라이브 커머스 방송에서도 비대면이지만, 사람들은 셀러의 얼굴을 보면서 소통하기 때문에 기본적인 용모는 단정히 해야 한다. 얼굴에는 뭐가 묻진 않았는지, 치아에 뭐가 끼였는지 등을 거울을 보며 체크해야 한다.

② 판매 제품 세팅 체크

화장품, 의류, 식품, 생활 리빙 제품 등 판매할 제품의 특성에 맞게 세팅해야 한다. 원활한 방송 진행을 하기 위해서 포장을 뜯지 않

은 제품과 포장을 뜯은 후, 포장 속 제품을 미리 세팅해서 준비해두
면 원활한 방송 진행을 할 수 있다.

예를 들면, 스테이크용 고기를 하나는 실제 받아보는 포장이 된
제품으로 세팅하고, 다른 하나는 미리 포장을 뜯어 시즈닝해서 준
비해둔다면 방송 진행이 원활해진다.

③ 스마트폰 체크

가장 중요한 사항이다. 촬영용 스마트폰에 방해 금지 모드가 설
정되었는지를 방송 직전에 다시 한번 체크해야 한다. 방해 금지 모
드를 설정하지 않고 방송을 시작했다가 방송 중에 전화가 오면 원
활하게 진행되고 있던 방송이 갑자기 꺼질 수도 있다.

또 각종 알림이 뜨게 되면 방송 화면이 멈출 수도 있다. 그러니
잊지 말고 꼭 방해 금지 모드를 설정해두어야 한다. 벨소리는 무음
으로 바꾸고, 마지막으로 깨끗한 화면 전달을 위해서 스마트폰 카
메라 부분을 한 번 더 닦아야 한다.

④ 리허설 체크

전날 만들었던 큐시트를 보면서 머릿속으로 그림을 그리듯 리허
설을 해본다. 마지막으로 큐시트의 내용을 더하거나 빼면서 한 번

더 중요한 셀링 포인트와 제품의 특징을 머릿속으로 정리한다.

- 방송 후 체크 -

모니터링 체크하기

방송이 끝나고 나서 그날 방송을 모니터링하는 것이 좋다. 처음에는 내가 나온 방송을 본다는 것이 어색하고 쉽지 않을 것이다. 하지만 모니터링을 통해 내가 계획한 대로 방송 중 했던 설명과 시연이 잘되었는지, 아니면 아쉬운지를 확인하고 보완해야 한다.

또 방송 중에 나오는 습관이 있다면(눈 깜빡임, 언어의 습관 등) 의식적으로 습관을 고치려고 노력해야 한다. 화면에서의 외적 이미지가 어떻게 보이는지 확인하고 원하는 이미지를 만들어가야 한다. 매번 방송 후 모니터링을 통해 습관과 이미지를 체크하고 설명과 시연 등을 수정하고 보충해나가면 하루하루 발전하는 셀러가 될 수 있다.

어제보다 발전된 나와 방송이 되고자 노력하는 과정이 곧 성공한 셀러와 방송을 만드는 과정이다. 그러니 방송 준비는 철저히 해야 한다.

세팅할 것

나갔던 손님 다시 부르는 제품별 세팅법

눈으로 보이는 시각이 중요한 만큼 판매하는 제품이 방송에서 돋보이려면 제품마다 특성에 맞게 세팅해야 한다.

① 식품 – 무조건 풍성하게 보이게 세팅

예를 들어 불고기를 판매하는 경우, 미리 전골냄비에 당면 사리와 떡 등을 준비해놓고 그 위에 불고기를 붓는다. 당면 사리는 원래 불고기에 들어가는 음식이니 보는 사람도 거부감 없이 볼 수 있고, 오히려 식욕을 자극할 수 있다.

음료의 경우, 미리 얼음 컵을 준비하고 음료 위에 장식할 허브나

얇게 슬라이스한 과일을 준비해두면, 훨씬 풍성하게 보이는 역할을 한다. 또 접시나 그릇은 너무 큰 사이즈가 아닌 음식량에 딱 맞는 사이즈를 사용해야 판매하는 음식을 더 풍성하게 보이게 만들어준다.

② 화장품 – 반사판을 필수로 세팅

화장품이나 미용 제품은 예쁘고 화사하게 나와야 구매욕이 자극된다. 얼굴 윤곽과 이목구비가 빛에 의해 하얗게 날아가지 않는 범위에서 조명을 많이 세팅하고 방송을 하는 것이 좋다.

조명이 부족할 때는 반사판을 추천한다. 반사판은 하얀 스케치북이나 A4용지도 좋고, 소풍 때 쓰는 은박 돗자리 역시 훌륭한 반사판의 역할을 한다.

확실한 효과 대비를 보여주기 위해서 얼굴의 반쪽만 시연해볼 수 있게 세팅하는 것도 좋다. 예를 들어 클렌징 제품일 경우, 메이크업을 반쪽만 지워서 클렌징이 얼마나 깨끗하게 되는지를 보여줄 수 있게 세팅한다. 반대로 파운데이션이나 쿠션 제품일 경우, 메이크업을 하지 않은 얼굴에 반쪽만 제품을 사용해 얼마나 커버가 잘되는지 보여줄 수 있게 세팅한다. 제품 사용 전후의 대비가 확연히 눈에 보이면 제품 구매율이 상승한다.

③ 패션 – 기능성 제품이 잘 표현할 수 있게 세팅

여름 기능성 소재의 옷을 판매할 때 '통기성이 좋다', '땀이 빨리 배출된다'라는 백 번의 말보다 눈으로 한 번 보여주는 것이 효과가 훨씬 좋다.

예를 들어, 그릇에 드라이아이스를 넣고 물을 부은 다음, 판매할 옷을 덮어 드라이아이스가 통과되는 것을 보여줄 수 있게 세팅한다. 그리고 세팅한 것을 방송에서 시연하면, 통기성과 시원함을 눈으로 바로 볼 수 있어 제품 설명의 효과가 뛰어나다.

또 겨울에 기모가 든 제품을 판매할 경우에는 '따뜻하다', '바람이 막아준다'라는 말보다 두께감을 보여줄 수 있게 세팅해서 놓는다. 예를 들어, 기모 레깅스를 판매할 경우 기모가 들지 않은 일반 레깅스를 함께 준비해서 세팅한다. 일반 레깅스와 기모 레깅스의 두께 차이를 단면으로 보여주는 것도 좋다. 하지만 확연한 차이가 잘 보이지 않는다면 레깅스를 미리 돌돌 말아 준비해놓고 보여주면 그 두께가 확연하게 차이가 난다.

잘되는 방송은 하루아침에 이뤄지는 것이 아니다. 방송을 위해 준비하고 노력하는 하나하나가 연결되어서 이뤄진다. 가장 철저히 준비하는 셀러가 결국 높은 매출과 많은 방송의 기회를 가질 수 있다.

라이브 커머스의 성공은 결과가 아니라 과정이다. 정상에 올라가
는 과정 하나하나를 즐기는 셀러가 진정한 승자다.

설정할 것

잘 팔리는 섬네일, 타이틀 설정하기

사람의 마음을 움직이는 섬네일과 호기심을 자극해서 누를 수밖에 없는 타이틀이 중요하다.

사람들의 마음을 움직이는 타이틀로는 ① **갖고 싶은 욕구보다 잃고 싶지 않은 욕구 자극하기**(ex : 모르면 손해 보는 냉장고 정리 제품), ② **비법 중의 비법을 강조하기**(ex : 딸에게도 절대 가르쳐주지 않는 맛의 비법 OO 떡볶이), ③ **다수의 사람이 공감할 수 있는 공감대 형성하기**(ex : 너구리 눈 될까 봐 걱정이라고? 워터 프루프 아이라이너) 등으로 사람들의 시선을 잡을 수 있다.

잘 팔리는 셀링 포인트 설정하기

셀링 포인트는 마케팅 용어다. 일반적으로 제품과 서비스가 가지고 있는 특징과 사용의 편의성, 만족감 등을 느껴 구매자의 구매 욕구를 일으키는 포인트를 말한다. 여기에는 적합성과 융통성, 쾌적성, 조화성, 유행성, 내구성, 외관의 미 등이 포함된다.

제품의 구매 욕구를 자극하려면, 구매하는 사람의 입장에서 먼저 생각해야 한다. 구매하는 제품에 대해 무엇을 기대하고 무엇을 요구하는지를 생각해 그것을 핵심 셀링 포인트로 설정한다.

셀링 포인트는 3~5가지면 충분하다. 제품마다 가지고 있는 장점과 특징은 여러 가지가 있겠지만, 가장 핵심이 되는 포인트를 설정해서 이야기하는 것이 좋다.

장점이 열 가지가 있더라도 다 설명하지 않는다. 무심결에 방송하는 방에 스치듯이 들어오는 사람들이 많기 때문에 그 사람들의 눈길을 끌려면 단시간 내에 효율적으로 제품의 특징과 장점을 잘 표현해야 한다. 하지만 많은 셀러들이 제품의 셀링 포인트와 활용도를 헷갈려 한다.

셀링 포인트와 활용도는 염연히 다르다. 껍질째 먹는 세척 사과로

예를 들어보자.

껍질째 먹는 세척 사과

1. 셀링 포인트
· 깨끗한 청정 암반수로 각종 오염물과 농약을 세 번이나 세척해서 믿고 먹을 수 있다.
· 껍질째 먹어서 사과의 영양소를 통째로 섭취할 수 있다.
· 세척 사과라서 바쁜 아침에 좋다.
· 일명 꿀 사과, 설탕 사과, 너무 달고 맛있다.

2. 활용도
· 사과 주스로 만들어서 먹을 수 있다.
· 사과 잼으로 만들어서 먹을 수 있다.
· 사과 파이로 만들어서 먹을 수 있다.

구매자들은 활용도를 들으면서도 구매 욕구가 올라간다. 하지만 시장에서 보던 사과와는 다른, 껍질째 먹는 세척 사과를 선택해야 하는 핵심적인 차별점이 셀링 포인트다.

잘 팔리는 구체적인 셀링 포인트를 설정하기 위해서는 다음의 네 단계를 확인해야 한다.

1. 누구에게 판매할 것인가? (타깃 설정)

2. 왜 사야 하는가? / 왜 필요한가? / 사용 목적이 무엇인가? (구매 이유 찾기)

3. 이 제품이어야만 하는 이유는 무엇인가? (제품의 특징, 장점 찾기)

4. 만약 이 제품을 안 사고 싶다면, 그 이유는 무엇인가? (구매 결정 장애물 없애기)

셀링 포인트 네 단계를 활용해 다시 한번 사과를 판매한다고 생각해보자.

첫째, 누구에게 판매할 것인가?

– 시장을 주로 보는 주부들과 식단 조절이 필요한 다이어트를 하는 사람

둘째, 왜 사야 하는가? / 왜 필요한가? / 사용 목적이 무엇인가?

– 시장에서 구매해 무겁게 사과를 들고 오지 않아도 됨

– 아침에 사과를 깎는 시간을 줄임 / 아이들 스스로 챙겨 먹을 수 있음

- 간편하게 과일 도시락을 챙기고 싶음
- 사과의 영양소를 통째로 섭취하고 싶음

셋째, 이 제품이어야만 하는 이유는 무엇인가?
- 산지 직송으로 최소한의 마진으로 합리적인 가격
- 깨끗한 청정 암반수로 각종 오염물과 농약을 세 번이나 세척해서 믿고 먹을 수 있음
- 비파괴 당도 측정기를 사용해 선별 및 검수(복불복 맛의 사과가 없음)
- 빠른 배송과 당일 출고

넷째, 만약 이 제품을 안 사고 싶다면 이유는 무엇인가?
- 1인, 2인 가구가 구매하기에는 양이 너무 많지 않은지 생각하기
- 양이 너무 많다고 생각되면 어떻게 소포장해서 팔 것인지 생각하기

◆ 셀링 포인트 잡는 꿀팁

셀링 포인트를 잡을 때, 제품의 특징에서 네 가지를 세분화해 생각해볼 수 있다.

1. 가격 셀링 포인트
예) 라이브 방송에서만 할인된 가격

2. 가치 셀링 포인트
예) 믿을 수 있는 기업의 마인드, 유명 기업일 경우 기업의 역사

3. 경험 셀링 포인트
예) 셀러의 경험담이나 사용자들의 후기, 사례

4. 희소성 셀링 포인트
예) 한정 수량, 오늘만 이 구성 / 이 혜택 강조

＊ 위의 셀링 포인트를 가격 셀링 포인트 + 가치 셀링 포인트 / 경험 셀링 포인트 + 희소성 셀링 포인트 등을 섞어서 방송에서 이야기하면 된다.
　단, 한 번에 너무 많은 정보를 담으면 집중력이 떨어져 설득력이 떨어진다.

잘 팔리는 제품의 구성과 가격 설정하기

제품의 구성과 가격을 설정하는 것도 굉장히 중요한 일이다. 예를 들어, 같은 갈비나 고등어를 팔아도 4인 가족에게는 대용량 세트 20팩이 좋은 구성일 수 있다. 하지만 혼자 사는 1인 가구나 2인이 사는 신혼 가구는 부담스러운 구성일 수 있다. 그래서 누구에게 팔지에 따라 구성을 다르게 할 필요가 있다.

또한, 가격 설정도 효과적으로 해야 한다. 사람의 뇌는 효율적으로 작동하도록 설계되어 빠른 판단을 해야 하는 상황이 오면, 중요한 정보만을 기억하고 나머지는 버리게 되어 있다. 그래서 가격을 들을 때도 뒤의 세세한 정보는 기억하지 않고 앞자리만 기억한다.

마트나 홈쇼핑에서 가격을 10만 원이 아니라 9만 9,000원으로 설정해 10만 원대가 아닌 9만 원대로 인식하게 하는 이유다. 이런 가격 설정도 현명하게 해서 어제보다 하나라도 더 판매할 수 있는 방송으로 만들어야 한다.

팔 만한 것

팔 만하게 만들기

누구에게 판매할 것인지에 따라서 같은 제품이라도 상황에 맞는 팔 만한 제품으로 만들어서 판매할 수 있다. 그리고 시연이나 스토리텔링도 이에 맞게 해야 한다.

예를 들어, 과일 발효 식초를 판매한다고 생각해보자. 처음 과일 발효 식초가 유행했을 때는 발효 식초에 구연산과 사과산, 초산 등 각종 유기산이 들어 있다고 알려졌다. 그로 인해 신진대사를 활발하게 돕고 지방을 태우도록 유전자에 신호를 보내 지방분해를 촉진시킨다고 전해졌다. 그래서 다이어트에 관심 있는 젊은 여성들 사이에서 엄청난 인기를 끌었다.

그렇다면 중년 여성들에게는 과일 발효 식초를 어떻게 팔아야 할까? 건강에 관심이 많은 중년 여성들에게는 발효 식초가 가지고 있는 유기산 성분이 좋은 콜레스테롤은 높이고 나쁜 콜레스테롤은 낮춰 고지혈증과 고혈압에 도움을 준다고 하며 판매할 수 있다.

이번에는 자녀를 키우고 있는 어머니들에게는 어떻게 판매하는 것이 좋을까? 설탕이 많은 탄산음료 대신 마실 수 있는 건강음료로 과일 발효 식초를 이야기할 수 있다. 또한 발효 식품은 장내에서 유산균 증식에 도움을 주고 장내 환경을 개선시켜줘 면역력 향상에 도움을 준다고 이야기하며 판매할 수 있다.

그렇다면 남성들에게는 과일 발효 식초를 판매하지 못할까? 편의점이나 마트 주류코너 옆에서 과일 발효 식초를 본 적이 있을 것이다. 발효 식초의 초산이 간을 해독함과 동시에 노폐물을 배출하고 해독 작용을 돕기 때문에 숙취에 좋다는 매력을 어필하며 판매할 수 있다.

같은 제품이라도 판매할 대상에 따라 판매 소구점을 다르게 이야기해 팔 만한 제품으로 만들어야 한다.

팔 만한 시간대 & 팔 만한 아이템

누구에게 판매할지 결정했다면, 팔 만한 시간대와 팔 만한 아이템을 선택해야 한다. 30~40대 주부들이 방송을 많이 보는 시간대에 20대가 좋아하는 제품을 판매하면 당연히 판매율이 높지 않을 것이다. 시간대별로 누구에게 팔 만한 시간대인지, 그리고 팔 만한 아이템인지 알아보자.

① 오전 11시~오후 6시

주부들의 시선을 잡아야 한다. 이른 오전, 남편과 아이를 보내고 밀린 집안일을 마무리하고 나서 주부들이 숨을 돌릴 수 있는 시간대다. 하지만 저녁을 준비하는 시간이 있으니 그 시간을 고려해야 한다. 이 시간에는 주부들이 많이 사용하는 주방용품과 생활용품, 그리고 반찬거리나 과일 등을 방송하기 좋은 시간대다.

② 오후 6시~11시

퇴근한 직장인들의 마음을 잡아야 한다. 퇴근 후 저녁 식사를 하고 여가 시간을 보내며 모바일 콘텐츠를 많이 소비하는 시간이다. 이 시간에는 다양한 제품들을 판매할 수 있다. 화장품, 패션, 음식, 전자기기, 가전제품 등 다양한 제품을 판매하기 좋은 시간대다.

③ 오후 11시 이후

올빼미족 20대와 30대의 마음을 잡아야 한다. 빨리 잠들기 싫은 20대와 30대들이 아직 활동할 시간대다. 새로운 브랜드에 거부감이 많이 없는 20대와 30대가 좋아할 만한 신상 아이템들을 판매하기 좋은 시간대다. 그리고 이 시간에는 아직 잠들지 않은 사람들은 배가 출출해질 시간대이기에 야식 음식으로 먹기 좋을 음식을 판매해도 좋다.

구매자들의 생활 패턴에 맞는 팔 만한 시간대와 팔 만한 아이템을 미리 파악하고 방송을 하면 어제보다 확실히 나은 오늘의 방송 매출을 눈으로 확인할 수 있을 것이다.

CHAPTER 4

돈빨 받는
제품 포인트

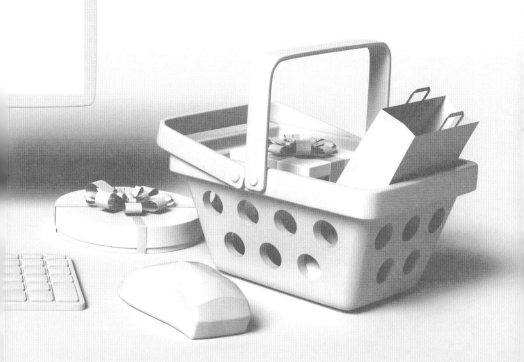

라이브 커머스
생활 리빙

매일 더 편하게

대한민국 남자들이 결혼 전 하는 말이 있다. "손에 물 한 방울 안 묻히게 해줄게." 지켜지지 못할 약속인 걸 알면서도 대부분의 여자들은 그 말에 넘어가 결혼을 한다. 어쩌면 남자들의 이런 말에 넘어가는 이유도 매일 해야 하는 집안일에 대한 피로감과 힘듦을 피하고 싶은 욕구가 크기 때문일 것이다.

생활 리빙 제품은 매일 써야 하는 제품이다. 그래서 무조건 '편리'해야 한다. 기존의 방법과는 다른 새로운 방법을 보여줘야 하고, 편리함에 죽고 편리함에 살아야 한다. 또 생활 리빙 제품은 종류가 매우 다양하다. 주방에서 쓰는 주방 제품부터 빨래할 때 쓰는 세제, 정리 제품, 욕실 제품, 침구류와 커텐 등 생활에서 쓰는 대부분의 제품이 여기에 포함된다.

복잡한 생활 리빙 제품 간단한 셀링 포인트

제품이 워낙 다양한 만큼 각각의 셀링 포인트를 잘 잡아야 한다. 하지만 제품이 다양해도 생활 리빙 제품을 판매할 때 공통된 중요 포인트가 세 가지 있다.

첫째, 누구나 편리하게 사용할 수 있다.

생활 리빙 제품의 가장 강력한 무기는 쉽게 쓰는 편리함이다. 제품을 빠르고 편리하게 사용하는 모습을 보여줘야 한다. 아무리 효과가 좋은 제품이라도 사용 방법이 어려워 보이면 구매로 연결되지 않는다. 제품을 편리하고 쉽게 사용하는 모습을 보일 수 있게 사전에 충분히 연습해야 한다.

둘째, Before & After를 잘 활용한다.

사용했을 때 변화가 눈에 보이게 보여준다. 예를 들어, 평소 욕실 상태를 보여주고 욕실 청소 제품을 이용해 물때와 찌든 때를 깨끗하게 청소할 수 있다는 것을 보여준다. 이 밖에도 주방용품, 세탁세제, 정리제품 등을 Before & After를 비교해 보여주면 효과가 좋다.

셋째, 구성품을 잘 이야기해야 한다.

실제로 받아보는 제품이 어떤 것인지 오해하지 않게 명확하게 이야기해줘야 한다. 이불이나 인테리어 제품을 판매할 때 주변의 장식품까지 구성품이라고 오해하는 경우가 종종 있다. 구성품에 대해 오해하고 구매해 제품이 반품되지 않게 이야기해야 한다.

생활 리빙 제품 셀링 포인트를 정리하니, 과거에 내가 겪었던 일이 생각난다.

모바일 쇼호스트가 되고 나서 신혼의 로망 리빙 & 패브릭의 대표 브랜드 멜로브라운을 방송했다. 멜로브라운은 이불과 이불 커버, 패드, 커튼 등 다양한 리빙 제품을 판매하는데, 그중에서 나는 오가닉 코튼 사각 누빔 패드를 판매했다.

방송하면서 느낀 점은 이불이나 커튼 같은 리빙 제품은 필요하고 바꿔야 하지만, 세제가 없으면 당장 구매하는 것과는 다르게 '집에 있는 이불 좀 더 쓰지'라는 생각으로 잘 바꾸기가 어렵다는 것이다. 그래서 구매 결정을 하게 만드는 셀링 포인트가 더 필요하다고 느껴 구체적으로 한눈에 보일 수 있게 표로 만들었다.

언젠가 라이브 커머스로 소창 행주를 판매하고 싶다고 하시는 분이 강의를 들으러 오셨다. 그분에게 쉽고 빠르게 셀링 포인트를 잡을 수 있는 표를 설명해 드리고 작성해보시라고 했다.

그리고 테스트 방송을 할 때, 이 표가 도움이 되었냐고 물어보았는데, 정말 많은 도움이 되었다고 말씀하셨다. 그분은 지금 네이버 쇼핑 라이브를 할 준비를 하고 있다.

다양한 생활 리빙 제품 중 판매할 제품을 정하고, Chapter 3의 '설정할 것' 장을 참고해 돈빨 받는 셀링 포인트 표를 작성해보자.

◆ 돈빨 받는 셀링 포인트 표

제품명		판매 대상	
구매 이유/ 사용 목적			
제품 특징	가격 포인트		
	가치 포인트		
	경험 포인트		
	희소성 포인트		
제품의 장점			
시연 방법 & 활용도			

라이브 커머스
건강기능식품

365일 건강 걱정

이 시대를 살아가는 사람 중에서 건강기능식품이 안 필요한 사람이 있을까? 현대인들은 여러 가지 만성적인 질환에 시달리고 있다. 또 아프지 않고 오래 살고 싶은 것은 인간의 본능이다. 그래서 건강기능식품은 우리나라 사람들의 1순위 관심을 받는 카테고리다.

예전에는 몸이 아프고 난 후 건강에 신경을 쓰고 관리를 했다면, 이제는 아프기 전에 미리 예방하고 관리하는 사람들이 늘었다. 그리고 건강뿐만 아니라 외적으로 보이는 젊음과 아름다움까지 지키기 위해서 삼시세끼 건강기능식품을 챙겨 먹는 사람들도 늘어났다. 그래서 건강기능식품은 계절과 시즌에 상관없이 판매할 수 있는 카테고리다.

365일 관심을 받으며 판매할 수 있는 건강기능식품이라도 판매할 때 주의해야 하는 부분이 있다. 바로 광고 심의를 지켜야 한다는 것이다. 아직 라이브 커머스 방송은 광고 심의의 사각지대에 있다.

하지만 지금처럼 심의를 준수하지 않고 건강기능식품을 판매하면 소비자들의 불만이 터져 나올 것이고, 언젠가는 라이브 커머스 방송에서도 광고 심의에 대한 제재가 시작될 것이다. 이때 심의 규정에 대한 이해도가 없고 준비되어 있지 않으면 힘든 상황이 올 수 있다.

어렵고 힘들겠지만, 처음부터 건강기능식품에 대한 심의 규정을 준수하며 방송한다면, 나중에 분명 더 크게 웃을 수 있는 날이 올 것이다. 물론 다른 제품을 판매할 때도 정확한 정보를 전달하고 품질 좋은 제품을 판매해야 한다. 하지만 건강기능식품은 구매자들의 건강과 관련이 있기 때문에 특히 더 정확한 정보만 이야기해야 하며, 과대 광고는 절대 금물이다.

가장 위험한 방송이 건강기능식품이다

건강기능식품이 다이어트에 효과가 있는 것처럼 과대 광고를 해서 논란이 있었던 적이 있다. 이런 논란과 벌금을 피하기 위해서는 건강기능식품 광고 심의에 대해 미리 알아야 할 필요가 있다.

① 질병의 예방 및 치료에 효능, 효과가 있거나 의약품으로 혼동할 우려가 있는 내용을 사용하면 안 된다.
– '이 제품이 치료를 위해 사용할 수 있다거나 의약품을 대신해 사용할 수 있다'라는 표현을 사용해서는 안 된다.
– '질병을 예방할 수 있다'라는 표현도 역시 불가능하다.

② 사실과 다르거나 과장된 표현을 사용하면 안 된다.
– 사실로 증명할 수 없는 내용을 방송에서 이야기하지 않게 주의해야 한다.

③ 구매자를 기만하거나 오해, 혼동시킬 우려가 있는 표현을 사용하면 안 된다.
– 외국어 사용 등으로 외국 제품과 혼동하지 않게 해야 한다.

④ 의약품의 용도로만 쓰이는 표현을 사용하면 안 된다.

- 구매자가 건강기능식품을 의약품을 대신해 사용하지 않게 방송할 때 주의해야 한다.

⑤ **다른 업체나 그 제품을 비방하는 표현을 사용하면 안 된다.**
- 다른 업체를 욕하거나 제품을 비방하는 내용을 비교해서 이야기하지 않게 주의해야 한다.

말문이 턱 막히는 건강기능식품 표현법

광고 심의를 알고 라이브 커머스 방송을 켜게 되면 말문이 턱 막힐 것이다. 이럴 때는 직접적인 표현을 쓰지 말고 돌려서 말하는 기술이 필요하다. 사용하면 안 되는 단어에는 결핍, 피로 회복, 노화 방지, 변비 치료 등이 있다. 이 단어들을 이렇게 바꿔서 표현할 수 있다.

① **결핍, 피로 회복이 된다.**
- 피로에 지쳐 있는 현대인, 영양을 못 챙기는 우리 아이 등으로 바꿔서 표현할 수 있다.

② 노화 방지가 된다.

– 속부터 차오르는 탄력감, 피부가 솟아오르는 느낌 등으로 바꿔서 표현할 수 있다.

③ 변비 치료가 된다.

– '꽉 막혀 있던 장이 시원하게 뻥 뚫린다' 등으로 바꿔서 표현할 수 있다.

그 밖에 사용하면 안 되는 단어로는 신체 불균형 개선, 관절염 및 뼈 질환 예방, 피부 탄력 유지 등이 있다. 이 단어들을 어떻게 바꿔서 표현해야 할지 생각해보고 써보자.

그리고 판매할 제품을 정하고 돈빨 받는 셀링 포인트 표를 작성해보자.

◆ 다른 표현 써보기

사용하면 안 되는 문장	다른 표현 사용
신체 불균형 개선	
관절염 및 뼈 질환 예방	
피부 탄력 유지	

◆ 돈빨 받는 셀링 포인트 표

제품명			판매 대상	
구매 이유/ 사용 목적				
제품 특징	가격 포인트			
	가치 포인트			
	경험 포인트			
	희소성 포인트			
제품의 장점				
시연 방법 & 활용도				

라이브 커머스
뷰티

────────●──

아름다움을 팔아라

세상 사람들 모두가 아름다워지고 싶어 한다. 10대 사춘기 여학생들부터 60대, 70대 할머니들까지도 모두 다 예뻐지고 싶고 아름다워지고 싶은 욕망이 있다. '그루밍족(미용이나 패션에 아낌없이 투자하는 남자)'이라는 신조어가 생길 정도로 요즘은 여자들뿐만 아니라 남자들도 외모에 관심이 많다.

뷰티 제품은 마음에 들면 한 제품을 꾸준히 쓰는 생활 리빙 제품과는 다르게 한 제품에 정착하지 않는다. 예를 들어, 친한 친구가 "이 마스크팩 하고 나서 아침에 세수할 때 진짜 깜짝 놀랐잖아. 갑자기 내 피부가 너무 매끄러워져서…"라고 이야기하면, '나도 한번 써볼까?'라는 마음이 생긴다. 그리고 다음번 마스크팩을 구매할 때는 친구가 좋다고 했던 제품을 기억했다가 구매한다. 이처럼 정착하지 않고 이 제품, 저 제품 써보는 사람을 '제품 유목민'이라고 한다. 뷰티 제품은 유독 유목민들이 많은 카테고리다.

우리는 이 유목민들의 눈길을 사로잡아야 한다. 뷰티 제품을 판매할 때는 네 가지 중요 포인트가 있다. 이는 내가 모바일 쇼호스트로 활동하면서 뷰티 제품을 판매할 때 뷰티 유목민의 눈길을 사로잡는 중요 포인트가 있어야겠다고 생각해서 구체적으로 분석해 정리한 것이다.

실제로 이 포인트를 생각하며 판매했고, 많은 뷰티 유목민의 눈길을 사로잡을 수 있었다. 실전 중요 포인트 네 가지를 잘 활용해 탑 뷰티 셀러가 되길 바란다.

첫째, 시각을 사로잡아야 한다.

앞의 '보이는 것' 장에서 이야기한 메라비언 법칙이 여기에도 적용된다. 무조건 시각적으로 잘 보여줘야 한다. 카메라 가까이에서 제품 전체를 보여주며 이야기하고, 전체적인 모습을 충분히 잘 보여줬다면 얼굴이나 손등에 시연한다.

이때도 역시나 마찬가지로 카메라 가까이에서 제품을 바르고, 발림성이나 제형 등을 자세히 보여주기 위해 빛에 따라 얼굴이나 손등을 천천히 움직이면서 보여줘야 한다. 주의할 점은 너무 욕심 내서 한꺼번에 많은 양을 듬뿍 발라 흡수가 되지 않는 모습을 보이면 안 된다. 사전에 사용해보고 시연을 잘 연습해두는 것이 중요하다.

둘째, 회사 역사를 이야기한다.

제품을 만든 회사가 믿을 수 있는 곳이라는 것을 이야기해야 한다. 판매하는 제품을 어떤 마음으로 개발했는지, 주로 어떤 제품을 개발하고 판매했는지를 이야기하며 신뢰할 수 있는 회사라는 것을 이야기해야 한다. 얼굴과 몸에 직접 바르고 쓰는 것이기 때문에 신뢰와 믿음이 중요한 카테고리다.

셋째, 성분, 효과를 이야기한다.

제품에 들어가 있는 성분들이 많지만 그중 가장 대표적인 성분에 집중해서 이야기한다. 어려운 성분을 다 이야기해도 기억에 남지 않는다. 가장 이미지가 좋고 많이 알려진 성분을 중심으로 이야기한다. 그리고 '사용 전 VS 사용 후'를 전달하기 위해 다양한 시연 방법과 표현력을 생각하고 연구해야 한다. 한눈에 변화가 바로 보이는 색조 제품인 경우, 피부에 발색력 테스트를 하는 것도 좋은 방법이다.

넷째, 친구와 놀 듯이 자연스럽게 이야기한다.

회사의 역사와 성분, 효과에 치중한 나머지 설명충이 되어서는 안 된다. 뷰티 제품은 주변 친구들이 효과를 봤다거나 많은 사람이 좋다고 간증하면 그 자체로 믿고 구매하게 된다. 그러니 친구들과 카페에 앉아 이야기하듯이 자연스러운 분위기 속에서 정보를 제공하는 것도 좋은 방법이다.

판매할 뷰티 제품을 정하고 돈빨 받는 셀링 포인트 표를 작성해 보자.

◆ 돈빨 받는 셀링 포인트 표

제품명			판매 대상	
구매 이유/ 사용 목적				
제품 특징	가격 포인트			
	가치 포인트			
	경험 포인트			
	희소성 포인트			
제품의 장점				
시연 방법 & 활용도				

라이브 커머스
식품

눈으로 먹방하기

식품 방송의 가장 중요한 것은 맛이다. '보기 좋은 떡이 먹기도 좋다'라는 말이 있듯 구매자들이 눈으로 식품을 봤을 때, 당장 먹고 싶다는 생각이 들면 일단 반은 성공이다.

TV홈쇼핑은 전문 푸드 코디네이터가 있을 정도로 판매하는 식품을 가장 맛있게 보이는 모양과 빛깔로 만들어낸다. 하지만 라이브 커머스 방송을 하는 셀러는 자신이 푸드 코디네이터가 되어야 한다. 팬 위에서 고기가 지글지글 구워지는 모습, 에어프라이어 안에서 튀김이 바삭바삭하게 나오는 모습, 수분이 가득 머금어진 신선한 과일의 모습, 바다에서 갓 잡아 신선함이 살아 있는 해산물의 모습 등을 표현해야 한다.

이렇게 식품을 보기 좋게 만들었으면 젓가락이나 주방용 핀셋을 이용해 카메라 가까이 식품을 가져가 더 리얼하고 먹음직스럽게 보여줘야 한다. 뜨거운 김이 나는 식품을 방송하는 경우에는 의상이나 앞치마에도 신경 써야 한다. 하얀 김이 모락모락 올라오는 것을 보여주면 식품이 더 맛있게 표현된다. 이때 하얀 김과 대비되게 진한 컬러의 남색이나 검은색 앞치마를 입는 것을 추천한다.

입으로 먹방하기

식품이 맛있어 보이게 눈으로 먹는 먹방을 했다면, 이번에는 셀러가 맛있게 입으로 먹는 먹방을 보여야 할 차례다.

식품 방송에서 맛있게 먹는 먹방보다 더 좋은 설명은 없다. 하지만 평소에 식품을 먹는 것과 방송에서 맛있게 먹는 것은 다르다. 화면 너머 사람들에게 맛있게 먹는 모습을 보여주기 위해서는 연구와 연습이 필요하다.

예를 들어, 음료를 마실 때는 카메라를 정면으로 보고 마시는 것이 아니라 음료가 꿀꺽꿀꺽 넘어가는 목젖이 보이게 고개를 옆으로 돌려서 마시는 것이 좋다. 또 식품을 씹을 때 나는 소리를 ASMR처럼 마이크를 이용해 작게 들려주면 좋다.

판매하는 식품의 활용 방법이나 맛있게 먹는 꿀팁을 함께 알려주는 것도 좋은 방법이다. 예를 들어 견과류를 판매한다면, 요거트에 넣어 먹거나 멸치볶음에 넣어 활용하는 방법, 빵이나 쿠키를 만들 때 활용하는 방법 등을 알려주면 효과가 좋다. 또 고기를 판매한다면 함께 먹으면 좋은 야채나 쌈무, 냉면 등을 미리 준비해둔다. 그리고 댓글로 소통하며 먹으면 방송을 보는 사람들은 이렇게 말할 것이다. '이분, 최소 배우신 분'이라고. 이렇게 공감을 얻게 되면 자연스럽게 매출 상승으로 연결된다.

식품 방송 2 MC

식품 방송은 2 MC로 방송하면 유리하다. 맛있게 먹는 것이 중요한 만큼 입에 식품이 가득 차 있는 경우가 많다. 먹으면서 준비된 말을 하기는 쉽지 않다. 특히 입에 식품이 있는 채로 말을 하게 되면 지저분해 보일 수도 있고, 잘못 넘어가 사레가 들려 위험한 상황이 발생할 수도 있다.

이때 2 MC로 방송을 진행하면, 한 명이 먹고 있을 때 다른 한 명이 말하고, 서로 먹는 순서와 말하는 순서를 교대로 주거니 받거니 하면서 방송을 진행할 수 있다. 이렇게 되면 방송을 보는 사람들은 판매 방송이지만, 먹방 콘텐츠를 보는 것처럼 지루할 틈 없이 방송을 볼 수 있다.

하지만 혼자서 식품 방송을 하고 먹방을 해야 한다면, 맛있게 먹는 모습과 소리에 더 집중하고, 입안에 식품이 있을 때는 표정과 고개 끄덕임 등과 같은, 말이 아닌 행동으로 맛을 표현한다. 그리고 입안에 식품을 다 삼킨 다음, 맛 표현이나 준비된 말을 해도 괜찮다.

늘 그렇듯이 실전이 이론보다 훨씬 더 많은 가르침을 준다. 그러니 '뭐든 완벽하게 준비되고 나서 시작해야지' 생각하지 말고 일단 한번 시작해보는 것을 추천한다. 시작해야 문제점이 보이고, 그것에 대한 계획 또한 다시 세울 수 있다. 지점토도 없는데 호랑이를 만들 수는 없다. 고양이든 돌멩이든 만들어야 지적도 받고 평가도 받으며 성장할 수 있다.

판매할 식품을 정하고 돈빨 받는 셀링 포인트 표를 작성해보자.

◆ 돈빨 받는 셀링 포인트 표

제품명		판매 대상	
구매 이유/ 사용 목적			
제품 특징	가격 포인트		
	가치 포인트		
	경험 포인트		
	희소성 포인트		
제품의 장점			
시연 방법 & 활용도			

라이브 커머스
패션

패션 방송은 세팅부터 패셔너블하게

패션 중에서 특히 의류 방송을 할 때는 전체적인 핏을 보여주기 위한 전신 샷과 디테일함을 보여줄 수 있는 바스트 샷을 적절히 활용해야 한다. 스마트폰을 세팅할 때 처음의 기준은 전신 샷으로 하고, 바스트 샷으로 가까이 다가갔을 때 얼굴과 팔다리가 어색하게 화면 밖으로 벗어나지 않도록 해야 한다. 조명도 의류의 컬러나 소재를 너무 왜곡시켜 보이지 않게 조명의 밝기나 각도를 사전에 맞춰놓아야 한다.

패션을 설명해주는 여자

의류 방송에서 구매자들이 궁금해하는 것은 디자인, 사이즈, 소재, 컬러, 활용법, 코디 방법이다. 처음 방송을 켰을 때, 전신 샷으로 전체적인 디자인과 느낌을 보여줄 수 있게 시작한다. 전체적인 핏과 분위기를 보여줬다면, 소매 부분이나 단추 부분 등 보여주고 싶은 디테일한 부분을 바스트 샷으로 가까이 다가가서 보여준다.

디테일한 부분을 보여줄 때는 밖에 있는 디자인을 먼저 설명하고 안쪽 디자인을 설명한다. 또 위에서 아래 방향으로 설명하고 앞쪽에서 뒤쪽 순서대로 설명하면, 놓치는 부분 없이 꼼꼼히 다 설명할 수 있다. 그리고 다시 전신 샷을 보여주며 활용법이나 코디 방법을 이야기해주면 좋다.

사이즈는 판매할 옷을 입고 있는 셀러나 모델의 키와 몸무게 상·하의 사이즈를 이야기해줘 구매자들이 직관적으로 바로 알 수 있게 해야 구매자들의 고민할 시간이 줄어든다.

예를 들어, " 제 키가 165cm에 몸무게가 50kg이에요. 이 원피스를 입으니 허리 부분은 너무 딱 달라붙지 않고 2~3cm 정도 남아서 편안하게 입을 수 있는 사이즈고요. 길이는 딱 무릎 길이예요. 이 원피스를 키가 160cm이신 분들이 선택하신다면, 무릎 살짝 아래로 입으실 수 있고, 저보다 키가 크신 분들이 선택하신다면 무릎 위쪽으로 올라간다고 생각하시면 되겠어요" 이렇게 이야기할 수 있다.

소재는 옷의 핏과 가격을 결정하는 중요한 요소다. 같은 디자인이라도 소재에 따라서 옷의 분위기와 수명이 달라진다. 소재가 자신 있는 옷을 판매할 때는 태그를 바로 카메라 가까이에서 보여주고, 소재의 촉감과 느낌을 손으로 만지면서 이야기한다. 소재가 내세울 만한 셀링 포인트가 아니라면, 소재에 얽매이지 말고 다른 디자인이나 가격을 더 내세워서 이야기하면 된다.

컬러는 조명을 비추기 때문에 화면을 통해 보이는 컬러와 실물 컬러가 다를 수 있다. 그러니 실물로 보이는 컬러를 잘 표현해주는 것이 좋다. 예를 들면, "화면에는 더 노란 느낌이 드는데 실물로 보면 연한 노란색이에요", "화면보다 더 짙은 와인 빛이 도는 빨간색이에요" 등 최대한 정확한 색 표현을 해주는 것이 좋다.

활용법과 코디 방법 제안을 해주면 효과적이다. '나도 집에 저런 스커트 있는데 같이 입어야겠다', '나도 저런 가방 있는데 같이 코디해야겠다'라는 생각과 동시에 '어떻게 코디해서 입지?'라는 고민을 덜어줘서 구매 결정에 도움을 준다.

마지막으로 패션에서 여자의 마음을 잡는 방법은 날씬해 보이는 것, 예뻐 보이는 것, 그리고 시즌 트렌드다. 남자의 마음을 잡는 방법은 여자의 마음을 잡는 방법보다는 조금 더 간단하다. 실용성 위주로 이야기하면 된다. 그리고 패션 의류 방송을 할 때는 판매하는 셀러나 모델이 옷을 입고 보여지는 모습이 중요하다. 일단 판매할 옷을 입고 예쁘게 보이면 더 관심을 받을 수 있다. 그러니 신발도 슬리퍼보다는 비율이 좋아 보이는 구두를 신는 것을 추천한다.

라이브 커머스는 큰 시장이다. 그저 무작정 팔려는 사람보다 하나하나 준비하고 배우려는 사람이 결국 라이브 커머스 시장에서 최고의 셀러가 될 것이다.

판매할 패션 제품을 정하고 돈빨 받는 셀링 포인트 표를 작성해보자.

◆ 돈빨 받는 셀링 포인트 표

제품명		판매 대상	
구매 이유/ 사용 목적			
제품 특징	가격 포인트		
	가치 포인트		
	경험 포인트		
	희소성 포인트		
제품의 장점			
시연 방법 & 활용도			

라이브 커머스
전자 제품

모른다고 포기할래?

전자 제품은 생활 리빙 제품이나 뷰티 제품에 비해 가격이 높다. 높은 가격만큼 구매자들의 지갑은 잘 열리지 않는다. 그래서 제품을 설명하고 시연할 때 더욱 신뢰감을 줄 수 있도록 해야 한다.

제품의 특징이나 사용 방법을 설명하기가 어렵다면, 가까운 오프라인 전자 제품매장에 가서 판매원들이 어떻게 제품을 설명하며, 판매하는지를 들어보는 것을 추천한다.

매장에 같은 제품이 있다면 그 제품에 관해 물어보고, 없다면 같은 카테고리의 비슷한 제품을 문의해서 설명을 들어보는 것도 좋다. 감사한 마음으로 큰 전자 제품은 아니더라도 소형 전자 제품이라도 구매해 공부한 값을 내는 센스 정도는 발휘하자.

이런 방식으로 성공한 지인이 있다.

오프라인 전자 제품매장에서 전자 제품을 판매하는 지인이 있다. 평소 말도 재미있게 하고 말 하나는 정말 능숙하게 잘했다. 하지만 처음 전자 제품을 판매하는 일을 시작했을 때는 그 역시 제품을 어떻게 설명하고 판매해야 하는지 굉장히 막막해했다.

어느 날, 전화가 왔다. 자기가 도저히 어떻게 판매해야 할지 감이 잡히지 않는 제품을 다른 판매원들은 어떻게 판매하는지 궁금해서 쉬는 날에 타 매장들을 둘러봤다고 한다. 타 매장 판매원분들에게는 죄송하지만, 정말 어쩔 수 없었다고 했다. 시간이 지나 지인은 본인이 일하고 있는 매장에서 판매 실적 1위라는 성과를 거두었다.

시선을 빼앗은 전자 제품

전자 제품의 종류는 다양하게 많다. 헤어 제품인 고데기, 전동 브러쉬, 피부 관리기, 청소기, 믹서, 전기 포트 등 대형 전자 제품뿐만 아니라 소형 전자 제품까지 생각보다 많은 종류의 전자 제품이 있다. 전자 제품을 판매할 때는 세 가지 중요 포인트가 있다.

첫째, 누구나 사용할 수 있는 간편한 조작이다.

제품을 시연할 때 최대한 간편하고 쉬워 보이게 보여줘야 한다. 그래서 직접 시연을 해야 하는 방송이라면, 사용 방법을 완벽하게 손에 익숙할 정도로 연습해야 한다. 기존의 불편함을 보완한 제품이라고 설명하면서 셀러가 시연할 때 자꾸 실수하는 모습을 보이면 신뢰감이 떨어지고 구매로 연결되지 않는다.

둘째, 효과가 정말 좋다.

전자 제품은 열 번 설명하는 것보다 한 번 눈에 보이는 시연이 훨씬 효과가 좋다. 예를 들어 전동클렌저 제품을 판매한다면, 반은 전동클렌저를 사용해 씻고 반은 그냥 평소에 세수하는 것처럼 씻어 비교할 수 있다. 또한 오렌지나 귤 같은 모공을 대처할 수 있는 곳에 파운데이션을 바르고 전동클렌저를 사용해 얼마나 깨끗이 씻어지는지를 보여줄 수 있다.

셋째, 전기를 많이 쓰는 경우, 방송 사고를 조심해야 한다.

전자 제품을 판매할 때, 조명이 갑자기 나가거나 전체 전기가 나가버리는 방송 사고가 발생할 수가 있다. 사전에 방송 사고가 나지 않게 주의해야 한다.

기회의 땅인 라이브 커머스 시장에서 꾸준히 방송 실력을 키워나간다면, 분명 마음속에 꿈꾸었던 멋진 셀러의 모습이 되어 있을 것이다.

판매할 전자 제품을 정하고 돈빨 받는 셀링 포인트 표를 작성해보자.

◆ 돈빨 받는 셀링 포인트 표

제품명		판매 대상	
구매 이유/ 사용 목적			
제품 특징	가격 포인트		
	가치 포인트		
	경험 포인트		
	희소성 포인트		
제품의 장점			
시연 방법 & 활용도			

라이브 커머스
여행

지금 떠나라

'포미족(For Me 族, 값이 비싸더라도 스스로 가치를 두는 것에 과감히 투자하는 사람)', '욜로족(YOLO 族, 현재의 행복을 중요하게 여기며 생활하는 사람)'이라는 신조어가 생길 정도로 나를 위한 여행을 떠나는 사람들이 많이 늘었다.

지금은 코로나로 인해 여행이 잠시 주춤하고 있으나, 이 시기가 지나고 나면 지금까지 참아왔던 여행에 대한 욕구가 터져 나와 여행업계가 다시 활발해질 것이다.

나는 여행 판매 방송을 일부러 들어가서 보기도 한다. 호텔 숙박권이나 여행 패키지 상품을 보고 있으면 '방구석 여행'을 하는 느낌이 들고 힐링이 된다. 지금 곧 떠나야 할 것처럼 말하는 쇼호스트들도 한몫해 더 즐거운 기분이 든다. 여행 판매 방송은 눈에 보이는 숙박권과 관광뿐만 아니라 '바로 이거다!' 하는 여행에 대한 설렘과 두근거림도 함께 판매해야 한다. 그리고 여행 패키지의 구성 요소인 숙박 시설, 식사 시설, 관광 시설, 교통수단, 쇼핑을 함께 판매하거나 숙박권만 판매해도 주변 관광 코스나 식사 시설 등을 함께 설명하는 것이 좋다.

예를 들어, 거제도 ○○○ 리조트 방송을 한다고 가정해보자.

거제도 ○○○ 리조트

숙박 시설 : ○○○ 리조트

거제도 여행 패키지 상품으로 만날 수 있는 ○○○ 리조트는 바람의 언덕과 외도 선착장 도보 5분 거리로, 유명 관광지와 가깝습니다. 객실에서 편안한 휴식은 물론이고, 창밖으로 보이는 신선대 앞바다의 조망은 국립공원 지역이라 양식장 하나 없이 깨끗한 코발트블루 빛 바다 전망을 자랑합니다. 많은 리뷰에서 볼 수 있듯이 대한민국 최고의 절경이라고 자부합니다. 도보 1분 거리의 신선대를 조망하며 걷는 아침 산책은 힐링 그 자체입니다.

관광 1 : 외도 보타니아

한려해상국립공원 내에 있는 해상식물공원입니다. 외도는 문화체육관광부와 한국관광공사가 선정한 '2019~2020년 한국관광 100선'에 선정된 남해안 천혜 비경의 결정체입니다. 산책로를 따라가다 보면 3,000여 종의 꽃과 나무를 보실 수 있습니다.

관광 2 : 주변 다양한 관광지

바람의 언덕뿐만 아니라 신선대, 해금강 우제봉, 학동 흑진주 몽돌해변, 근포 동굴 등 주변 다양한 관광지가 있습니다.

식사 : 신선한 해산물

거제도 지역 특성에 맞게 다른 지역에서 맛볼 수 없었던 신선한 해산물을 푸짐하게 즐길 수 있습니다.

이렇게 전체적인 관광 코스와 셀러 자신의 여행 경험담을 함께 녹여 이야기한다면, 사람들의 공감을 더 끌어낼 수 있다. 또 여행 상품을 소개할 때 꿀팁은 곧바로 짐을 챙겨 여행을 떠나고 싶게 만드는 영상미가 있어야 한다. 셀러의 의상도 여행을 갔을 때 입을 만한 의상과 여행이 떠오를 만한 소품들을 준비해서 세팅하면 훨씬 시각적으로 자극이 되어 효과가 좋다.

판매할 여행 상품을 정하고 돈빨 받는 셀링 포인트 표를 작성해 보자.

◆ 돈빨 받는 셀링 포인트 표

제품명		판매 대상	
구매 이유/ 사용 목적			
제품 특징	가격 포인트		
	가치 포인트		
	경험 포인트		
	희소성 포인트		
제품의 장점			
시연 방법 & 활용도			

CHAPTER 5

돈빨 받는 플랫폼을 찾아가라

차별화된 플랫폼 전략이 돈빨을 만든다

나한테 맞는 플랫폼은 어디일까?

라이브 커머스를 처음 시작할 때, 가장 고민이 되는 것은 '어디에서 시작해야 할까?'일 것이다. 현재 다양한 라이브 커머스 플랫폼이 생겨나고 있고, 다 성장하고 발전하고 있는 과정에 있기 때문에 라이브 커머스에 관심을 가지고 방송을 시작할 사람이라면, 어디로 정해야 할지 고민이 될 것이다.

또한, 라이브 커머스를 시작할 셀러에게도 다양한 상황이 있을 것이다. 다양한 상황을 크게 두 가지로 나누어보면, 판매할 제품을 이미 가지고 있는 셀러, 판매할 제품은 가지고 있지 않지만 위탁받아 제품을 판매할 셀러로 나눌 수 있다.

상황과 조건에 맞는 플랫폼을 정리해보았다.

① 전용 플랫폼 – 그립, 잼라이브, 소스라이브, 보고 등

소상공인들이 가장 쉽게 라이브 커머스를 시작할 수 있는 진입 장벽이 낮은 플랫폼이다. 사업자등록증만 가지고 방송할 플랫폼에 인증받으면, 바로 라이브 커머스 방송을 시작할 수 있다. 진입장벽이 낮아 많은 사람들이 라이브 커머스에 도전해 점점 규모가 더 커지고 있다.

라이브 커머스 전용 플랫폼답게 스마트폰으로 앱만 다운로드해서 들어가면 누구나 쉽게 방송을 시청할 수 있다. 구매로 연결되는 결제 시스템도 편하게 되어 있어서 구매자가 빠르고 편안하게 결제를 할 수 있다.

인플루언서나 연예인들이 있는 채널도 있으나 내 주위에 있을 것 같은 옆집 언니나 집 앞 가게 사장님 같은 셀러들이 판매하기 때문에 더 정감 가고 친근해서 편하게 방송을 볼 수 있다. 라이브 커머스 전용 플랫폼은 방송을 처음 시작하려고 하는 초보 셀러에게 추천한다.

② 대형 기업 – 네이버 쇼핑 라이브, 카카오 쇼핑 라이브

네이버 쇼핑 라이브는 국내에서 가장 대중적인 라이브 커머스 플랫폼이자, 최대 규모의 플랫폼이다. 하지만 누구나 바로 라이브 커머스를 시작할 수 있는 플랫폼은 아니다. 네이버 쇼핑 라이브에서 방송을 진행하려면 먼저 스마트 스토어를 개설해야 한다. 처음 스마트 스토어를 개설하면 씨앗 등급이다. 이 등급이 새싹 등급이 되어야만 네이버 쇼핑 라이브에서 방송을 진행할 수 있다.

네이버 자체가 대형 플랫폼이다 보니 많은 사람이 방송을 보고 채널에 유입이 된다. 결제도 간편 결제 시스템인 네이버페이가 있어서 방송을 보다가도 편리하게 제품을 구매할 수 있다.

카카오 쇼핑 라이브는 홈쇼핑을 옮겨놓은 듯한 느낌의 고퀄리티의 화면을 제공한다. 제품을 구매할 때 결제도 카카오페이로 간편하게 결제할 수 있다. 하지만 아직은 일반인은 방송을 진행할 수 없고, 카카오에서 섭외한 전문 쇼호스트나 인플루언서 연예인만 방송할 수 있는 시스템이다.

③ 소셜 커머스 – 쿠팡 라이브, 티몬 라이브 등

쿠팡에서는 내가 가진 제품이 없어도 라이브 커머스 방송을 하는 셀러가 될 수 있다. 크리에이터로 지원하고 여기에 통과만 되면, 쿠팡에서 파는 모든 뷰티 제품을 선택해서 판매할 수 있다. 방송으로 판매된 전체 매출의 5% 수수료를 받는 시스템이기 때문에 일반인보다 유명 인플루언서나 셀럽에게 맞은 플랫폼이다.

티몬 라이브의 경우, 쿠팡과는 다르게 내가 가진 제품이 없다면 라이브 커머스 방송을 할 수 없다. 티몬 라이브는 티비온 라이브와 티비온 셀렉트의 두 가지로 나뉜다.

티비온 라이브는 홈쇼핑처럼 전문 방송 장비와 스텝들이 만드는 방송이고, 티비온 셀렉트는 판매자의 아이디어와 개성을 살려서 방송할 수 있는 개인 방송이다. 방송에 따라 가격 차이가 있으니 내 소유의 판매할 제품을 가지고 있는 셀러라면, 상황에 선택해 라이브 커머스 방송을 진행하면 된다.

다양한 플랫폼에서 동시에 라이브 커머스를 시작하는 것도 좋지만, 나의 상황과 조건에 맞는 플랫폼을 선택해 꾸준히 방송하는 것도 중요하다. 나의 상황과 조건에 맞는 플랫폼은 어디이며, 왜 그렇게 생각하는지 써보자.

플랫폼 이름	
이유	1.
	2.
	3.

플랫폼 이름	
이유	1.
	2.
	3.

네이버 쇼핑 라이브

알람 듣고 오세요

네이버 쇼핑 라이브는 탄탄한 스마트 스토어를 기반으로 성장하고 있다. 스마트 스토어를 사용해 라이브 커머스 방송을 진행할 경우, 해당 스토어에 '소식 받기'가 되어 있는 사람들에게는 '라이브 알람'이 간다.

셀러는 '언제 방송이 시작된다'라는 것을 항상 사전에 알려야 하는데, 네이버에서는 별도의 비용 없이 알람 서비스를 해준다. 사람들은 평소 관심이 있던 스토어에 소식 받기를 설정해두었을 가능성이 크다. 관심 있는 사람들에게 제품을 싸게 구매할 수 있는 라이브 알람이 가니 효율이 높고 광고 효과가 좋다.

함께 삽시다. 낮은 수수료

다른 플랫폼에 비해 수수료가 가장 낮기에 같은 제품을 같은 가격에 판매해도 다른 플랫폼에 비해 셀러가 더 많은 이익을 가질 수 있다.

쇼핑 라이브로 제품 판매 시 수수료는 라이브 방송을 통한 구매와 다시 보기 영상에 노출된 상품을 통해 구매가 일어나면, '라이브 매출 연동 수수료 3% + 결제 수단 수수료'가 과금 된다.

구매자가 구매 시 선택한 결제 수단에 따라 수수료가 달라진다. 휴대폰 결제는 3.85%, 신용카드와 체크카드 결제 3.74%, 보조 결제(네이버페이 포인트) 3.74%, 계좌이체 1.65%, 무통장입금(가상계좌) 1%(최대 275원)다. 그래서 라이브 매출 연동 수수료 3%+가장 높은 휴대폰 결제 3.85%로 계산하면, 기본 수수료는 6.85%가 된다.

결제 수단	수수료
휴대폰 결제	3.85%
신용카드/체크카드	3.74%
보조 결제(네이버페이 포인트)	3.74%
계좌이체	1.65%
무통장입금(가상계좌)	1%(최대 275원)

* 라이브 매출 연동 3% + 결제 수단 수수료 = 쇼핑 라이브 판매 수수료

이제 새싹 등급도 방송 가능

불과 얼마 전까지만 해도 네이버 라이브 커머스 방송은 처음 시작하는 셀러에게는 진입장벽이 높았다. 스마트 스토어의 판매자 등급은 총 6단계로 되어 있다. 그중 판매 건수 300건 이상, 판매 금액 800만 원 이상인 3단계 파워 등급이 되어야만 라이브 커머스 방송을 진행할 수 있었다.

아주 높은 기준은 아니지만, 그렇다고 쉽게 접근할 수 있는 기준도 아니었다. 하지만 이제 파워 등급이 아니라 판매 건수 100건 이상, 판매 금액 200만 원 이상인 새싹 등급만 되어도 라이브 커머스

방송을 진행할 수 있다. 많은 사람에게 라이브 커머스의 기회가 열린 것이다. 한번 등급의 조건을 달성하면 몇 번이고 라이브 방송을 진행할 수 있다. 장소도 상관없이 원하는 장소에서 원하는 제품을 판매할 수 있다.

등급명	필수조건		
	판매 건수	판매 금액	쇼핑 라이브
플래티넘	100,000건 이상	100억 원 이상	가능
프리미엄	2,000건 이상	6억 원 이상	가능
빅파워	500건 이상	4,000만 원 이상	가능
파워	300건 이상	800만 원 이상	가능
새싹	100건 이상	200만 원 이상	가능
씨앗	100건 미만	200만 원 미만	–

네이버 쇼핑 라이브의 가장 큰 힘은 어마어마한 수의 네이버 사용자다. 많은 사람이 네이버에 가입되어 있다. 아직 라이브 방송으로 제품을 구매하지 않더라도 네이버에 가입되어 있는 사용자들이 잠정 고객이라 생각했을 때, 지금보다 훨씬 높은 성장률을 보이는 플랫폼임은 틀림없다.

이미 내가 아는 많은 지인들이 네이버 쇼핑 라이브를 시작했다. 그중 대표적인 성공 스토리는 트윙클 컴퍼니 대표님의 스토리다.

트윙클 컴퍼니는 키즈 스피치부터 면접 스피치, 유튜브 크리에이터 스피치까지 다양한 스피치 교육을 하는 아카데미이자 회사다. 시대의 흐름이 라이브 커머스로 흘러간다는 것을 빨리 판단한 트윙클 컴퍼니 대표님은 본격적으로 라이브 커머스 사업에 뛰어들었다. 라이브 커머스를 진행할 모바일 쇼호스트 양성은 물론이고, 양성한 쇼호스트들이 방송을 진행할 수 있는 곳을 만들기 위해 네이버 스마트 스토어를 개설했다. 처음에는 트윙클 컴퍼니에서 양성한 모바일 쇼호스트들이 방송할 수 있는 곳을 만들기 위해 개설한 스마트 스토어였다. 그런데 라이브 방송을 시작하자 그동안 단골이었던 사람들은 물론이고, 방송으로 새로운 사람들도 유입되면서 그전에도 바빴지만, 지금은 정말 눈코 뜰 새 없는 바쁜 나날을 보내고 있다.

쿠팡 라이브

로켓 쿠팡

로켓배송, 로켓프레시, 로켓와우 등으로 자신만의 확실한 색깔이 있는 쿠팡도 시대의 흐름에 맞게 라이브 커머스 시장에 뛰어들었다. 쿠팡에서 라이브 커머스를 시작하려면 둘 중 하나를 선택해야 한다. **① 판매할 제품을 가지고 있는 벤더, ② 벤더에게 제품을 받아 방송을 진행할 크리에이터** 중 선택해서 가입해야 한다. 물론 두 가지를 다 가입해 두 개의 역할을 할 수도 있다.

① 판매할 제품을 가지고 있는 벤더
이미 쿠팡에 입점해서 온라인으로 제품을 판매하고 있는 셀러라면 벤더 가입으로 쿠팡 라이브 커머스 서비스를 더 쉽게 이용할 수 있다. 쿠팡에서 제품을 판매하고 있지만, 판매 중인 제품이 유명 브랜드가 아닌 생소한 브랜드라면 그 제품을 쉽게 구매 결정하지 못하고 고민하는 사람들이 있을 것이다.

이렇게 구매 결정을 고민하는 잠재 소비자들에게 판매 중인 브랜드를 라이브 방송을 통해 적극적으로 홍보하고 구매까지 이뤄지게 만들 수 있다. 만약 라이브 방송이 부담스럽고 힘들다면, 크리에이터에게 도움을 받을 수도 있다.

하지만 크리에이터에게 방송을 신청하면 수수료가 발생한다. 그래서 가장 좋은 방법은 방송을 잘하는 벤더(셀러)가 되는 것이다.

② 벤더에게 제품을 받아 방송을 진행할 크리에이터

쇼핑몰을 운영하지 않아도 크리에이터로 지원해 라이브 커머스 방송을 진행할 수 있다. 처음 라이브 커머스 방송을 시작했을 때는 뷰티에 특화된 인플루언서나 셀럽을 중심으로 운영했다.

하지만 지금은 판매 품목을 넓혀 일반 개인도 라이브 방송을 진행하고 있다. 쿠팡 크리에이터로 등록이 되면 원하는 쿠팡 제품을 선택해서 라이브 방송으로 판매할 수 있다.

그리고 라이브 방송에서 판매된 전체 매출의 5%를 제공한다. 또한, 라이브 방송뿐만 아니라 라이브 방송을 했던 녹화 영상도 24시간 노출해 이를 통해 판매된 수익금도 5%로 라이브 방송과 똑같이 제공한다. 그래서 크리에이터에게 판매 금액은 아주 중요하다.

티끌 5% 모아 태산

쿠팡 크리에이터(셀러)는 인스타그램이나 유튜브처럼 크리에이터의 고유 계정을 만들어 팔로워를 늘려가야 한다. 팔로워를 늘려가고 같은 제품을 쿠팡 안의 다른 크리에이터보다 잘 판매하려면 자신만의 유니크함이 있어야 한다.

길을 가다 보면 비슷비슷한 메뉴로 판매를 하는 카페와 음식점들이 많다. 그런데 그중 어떤 카페는 판매가 잘되고, 어떤 카페는 얼마 가지 못하고 폐점한다. 음식점도 마찬가지다. 기본적인 브랜드 차이는 있겠지만, 브랜드 수준이 비슷해도 이런 차이가 발생한다.

판매가 잘되는 매장은 분명 그 매장만의 특색과 매력이 있다. 오프라인 매장에서도 독특한 매력을 원하는 시대다. 하물며 온라인 시장에서는 더더욱 갈대와 같은 마음을 가진 사람들이 많다. 이 갈대와 같은 사람들의 마음을 잡기 위해서는 꾸준하고 성실한 노력이 필요하다. 그냥 노력이 아니라 성실한 노력을 해야만 한다.

유튜브나 인스타그램에서 대박이 난 크리에이터와 인플루언서의 스토리를 많이 들어봤을 것이다. 하지만 초심을 잃고 자기 관리를 하지 못해 문제를 일으키거나 구설에 올라 한순간에 나락으로 떨어지는 크리에이터와 인플루언서들도 많이 봤을 것이다.

한때 유행을 타다가 소리 소문 없이 사라지는 크리에이터(셀러)가 되지 않기 위해서는 꾸준한 마인드 관리가 필수다. 또 1시간 방송을 하기 위해 종일 모든 상황과 주변 자극 하나하나를 잠재적인 판매 주제라 생각하고 탐구해야 한다.

방송에서 어떻게 판매하고 설명할까에 대해 끊임없이 고민하고 노력한다면, 같은 제품을 판매해도 나만의 유니크함이 생길 것이다. 이때가 바로 1시간 방송만으로도 다른 사람 한 달 월급만큼 수익이 생기는 때다.

다른 사람과는 차별화된 나만의 유니크함(강점)은 무엇인지 써보자.

나만의 유니크함(강점)

▶ 내가 잘하는 것

-

-

-

▶ 다른 사람에게 칭찬받은 것

-

-

-

▶ 단점을 장점으로 바꿔보기

　　ex) 금방 질려 한다, 오랫동안 하지 못한다. → 호기심이 왕성하다.

　　　대충 하는 성격이다. → 매사에 얽매이지 않는다.

-

-

-

카카오 쇼핑 라이브

팔방미인 카카오 서비스

다양한 서비스로 승승장구하고 있는 카카오는 잘 알려진 카카오톡뿐만 아니라 카카오 커머스로 네 가지 서비스를 하고 있다.

① 카카오톡 선물하기

대표적으로 생일 때 많이 이용하는 기프티콘을 선물하는 방식이다. 생일뿐만 아니라 감사 인사를 하거나 멀리 있어서 평소 마음을 전하지 못하는 사람에게도 간편하게 선물을 보낼 수 있어 많은 사람이 사용한다. 처음에는 간단한 상품권이나 커피 쿠폰 정도로 시작했으나 시장이 커지면서 지금은 제품이 다양해져 선택의 범위가 굉장히 넓어졌다.

② 카카오 스타일

자신의 스타일에 맞는 옷을 예쁘게 코디해서 입기 어려워하는 사람들이 많다. 그런 사람들은 새로운 스타일을 만드는 것보다 다른 사람들이 입는 스타일을 참고하는 것이 오히려 더 효과가 좋고 고민하지 않고 쇼핑할 수 있다.

카카오 스타일에서는 이 점을 이용해 스타일을 참고할 수 있도록 업체에서 사진을 올린다. 그래서 어떤 조합이 더 세련되고 예쁘게 보이는지 참고해 쇼핑을 할 수 있다. 거기다 얼마 전, 카카오에서 여성 의류 플랫폼 1위의 '지그재그'를 인수한 만큼 카카오 스타일의 더 큰 성장이 기대된다.

③ 쇼핑하우

최저 가격 검색과 상품 검색이 가능하다. 제품 정보와 구매 후기, 구매 혜택과 구매 옵션 등 구매를 결정하기 위한 다양한 정보가 제공된다. 그래서 특정 제품을 구매하려는 목적형 소비뿐만 아니라, 특정 제품이 아닌 카테고리 안에서 자신에게 맞는 제품을 찾는 탐색형 소비까지 가능하다.

④ 카카오 쇼핑하기

공구 형식의 톡딜과 상품 기획전을 하며, 톡딜에 입점된 제품으로 라이브 커머스 방송을 하는 것이 바로 톡딜 라이브다. 처음 테스트 기간인 베타 기간 때는 주로 식품 위주의 방송을 했다. 그러나 베타 기간이 끝나고 런칭 이후 다양한 브랜드 방송을 선보이고 있다.

카카오 쇼핑 라이브는 뭐가 다를까?

카카오 쇼핑 라이브는 다른 라이브 커머스 플랫폼이 세로 화면인 것과 다르게 가로 와일드 화면이다. 다른 플랫폼과 달리 화질도 TV홈쇼핑을 보는 것처럼 좋다. 스마트폰으로 촬영하는 다른 플랫폼과는 다르게 전문 카메라와 장비로 촬영을 하기 때문이다. 장비뿐만 아니라 방송 역시 전문인이 촬영한다.

또한, 카카오 쇼핑 라이브 진행도 일반인이 아닌, 인플루언서나 셀럽, 쇼호스트 등 안정적인 진행을 할 수 있는 사람들이 한다. 그래서 영상의 퀄리티는 좋으나 일반인이 진입하기에는 진입장벽이 너무 높다.

하지만 퍼스널 브랜딩 등으로 인지도가 있는 인플루언서가 되었다면, 카카오 쇼핑 라이브의 출연은 분명 좋은 기회다. 카카오 쇼핑 라이브(톡딜 라이브)는 방송 예고 효과도 뛰어나다.

카카오 쇼핑 라이브가 시작되면 카카오톡 쇼핑하기의 플러스 친구(플친)에게 카톡으로 알람이 온다. 사전 예고의 힘은 정말 강력하다. 미리 한번 말해두었을 뿐인데, 사람들은 필요한 제품을 구매하지 않고 기다렸다가 구매한다. 이벤트나 구성 가격이 좋으면 더욱 방송을 기다렸다가 구매한다. 이처럼 카카오 쇼핑 라이브는 다른 플랫폼에는 없는 많은 강점을 활용해 라이브 커머스 시장에서도 계속 성장, 발전하고 있다.

그립

2019년 초, 라이브 커머스 전문 플랫폼 앱을 출시해 2년 만에 급격히 성장한 그립의 성장 이유는 무엇일까? 그립 라이브를 100% 활용하는 방법을 알아보자.

모바일 쇼호스트 '그리퍼'

그립이 처음 출시되었을 때는 49여 명 정도의 셀러로 시작했다. 그립에서는 앱을 사용하는 사람을 늘리고 라이브 방송이 부담스러운 일반인들에게 '라이브 커머스 방송은 이렇게 하는 것이다'라는 것을 보여주기 위해서 유명 연예인이나 인플루언서를 많이 활용했다.

샘플 콘텐츠를 제작한 것이다. 그리고 그립은 자신이 판매할 제품이 없어도 판매할 수 있는 제품을 매칭시켜주는 모바일 쇼호스트 개념인 그리퍼가 있다. 라이브 커머스 방송 위탁 요청이 들어오면 상품의 특성과 그리퍼의 이미지 등을 분석해 적절한 그리퍼를 연결해주는 시스템이다. 이 시스템을 잘 활용하면 제품은 가지고 있지만 라이브 방송이 부담스러운 사람, 반대로 판매는 자신 있지만 판매할 제품이 없는 사람에게도 도움이 되는 시스템이다.

팬덤 문화

그립의 평균 반품률은 1% 미만이다. 이커머스 반품률은 평균 10%, 홈쇼핑은 평균 20% 정도의 반품률인 것에 비해 현저히 낮은 수치다. 라이브 방송으로 저렴한 가격과 실시간 소통으로 충분히 제품의 정보를 얻고 구매한 이유도 있겠지만, 그립의 고유 문화인 팬덤 문화도 한몫한다.

그리퍼가 인플루언서나 유명인이 아닌, 일반인일지라도 꾸준한 방송 활동을 통해 팬층을 형성하면 매출에도 큰 영향을 미친다. 제품이 꼭 필요해서 구매하기보다 팬심으로 구매할 경우도 생기기 때문이다. 이것이 바로 그립만의 팬덤 문화다.

놀면서 방송하는 그립

그립은 다른 플랫폼에는 없는 게임 기능이 있다. 제품을 판매하기 위해 방송을 켰는데, 막상 방송을 켜니 사람들과 어떻게 소통하고 대화해야 할지 막막할 때, 이 게임 기능이 빛을 발휘한다. 셀러는 방송 중 주사위나 선착순, 깜짝 경매, 초성 퀴즈 등 다양한 게임을 통해 구매자들에게 재미를 주고 구매자들과 친해져서 팬으로 만들 수도 있다. 그리고 팔로워를 설정한 구매자들에게는 방송 전 알람이 간다. 더 많은 팬과 팔로워를 만들어야 할 이유다.

그립 수수료

그립의 수수료는 검색이나 채널을 통한 판매로, 방송 외 판매된 기본 수수료는 9%다. 방송(Live, VOD)을 통해 판매 시, 3% 추가 수수료가 발생한다. 그래서 그립에서 라이브 방송으로 제품을 판매하면, 기본 판매 수수료 9%와 방송 수수료 3%를 합쳐서 총 12%의 수수료가 부과된다.

구분	수수료
입점 + 상품 등록 수수료	무료
기본 판매 수수료	9%
방송 수수료(Live, VOD 판매 시 합산해 부과)	3%

그립은 얼마 전, 인기 유튜브 채널 스튜디오 룰루랄라와 함께 '개천에서 용나G'를 런칭해 라이브 커머스를 접목한 새로운 콘텐츠를 선보였다. 라이브 커머스 전문 진행자를 뽑는 오디션 콘텐츠로, 최종 우승자에게는 1,000만 원 상당의 상품과 그립에서의 라이브 방송 기회 등 각종 특전이 주어진다.

이 라이브 방송에서는 연예인과 유명 인플루언서가 함께 나와 실제 녹화 중에 그립 앱을 통해 라이브 커머스 대결을 펼친다. 그리고 시청자의 투표를 통해 승자가 결정된다. 그립은 시대에 흐름에 맞는 신선한 콘텐츠를 제작, 방송하고 있고, 그립만의 문화까지 더해져 계속해서 발전해나가고 있다.

티몬 라이브

원조는 나야 나!

2017년 9월 티몬은 국내 최초 '티비온'이라는 이름으로 라이브 커머스를 시작했다. 처음 티비온을 시작했을 때는 일반인 셀러는 방송을 진행하지 못하는 기존의 홈쇼핑과 같은 형태로 라이브 커머스를 시작했다. 누구나 방송을 할 수 있는 지금의 라이브 커머스 형태와는 다른 방식이었다. 그러나 2020년 일반 셀러도 라이브 커머스 방송을 진행할 수 있는 '티비온 셀렉트'를 오픈하면서 홈쇼핑처럼 전문 PD와 스태프가 구성하는 '티비온 라이브'와 선택해 방송할 수 있게 되었다. 그래서 더 효율적인 방식을 선택해 라이브 커머스 방송을 진행하면 된다.

전문적인 티비온 라이브

티비온 라이브는 쇼핑 전문 PD와 스태프가 홈쇼핑처럼 라이브 커머스 방송을 만들기 때문에 화면의 완성도가 높다. 전문 쇼호스트나 인플루언서, 연예인들이 방송을 진행하기에 볼거리도 있다. 그래서 방송 진행비가 티비온 셀렉트보다 훨씬 높다. 하지만 가격이 높은 만큼 효과도 뛰어나다.

티몬은 티비온 라이브를 진행했던 파트너(티몬에 입점해 있는 업체) 매출을 분석, 조사했다. 그 결과, 티비온 라이브 방송을 했던 당월 매출은 방송 직전 3개월의 월평균 매출보다 약 3.7배나 높았다. 또 방송이 나간 후 3개월간의 월평균 매출은 같은 기간 평균보다 약 2.5배 이상 증가했다고 했다. 이것은 티비온 라이브 방송이 일시적인 매출 상승이 아닌, 판매하는 제품과 브랜드 홍보에 긍정적인 효과가 있고 지속적인 판매로 연결될 수 있는 단골을 양산하는 방송으로 만들어지기 때문이다. 방송이 여러 번 진행될수록 티비온 라이브를 통한 판매량과 구매자들의 수도 증가했다.

2020년 4분기 티비온 라이브 방송 중 제품 판매량은 처음 시작했던 해인 2017년에 4분기보다 14배 이상 증가했고, 제품을 구매한 사람들도 9배 가까이 늘어났다. 특히 한우 곱창전골 등을 판매한 2021년 설 특집 방송에서는 2시간 동안 총 25만 명이 넘게 티비온 라이브를 시청했다.

최근에는 라이브 커머스 최초로 전기차 신차 발표회를 진행하고 오피스텔 분양권까지 판매했다. 티비온 라이브는 국내 최초 라이브 커머스를 시작한 노하우를 살려 다양한 카테고리의 제품을 특가로 판매하고 이벤트도 진행하고 있다.

도전 정신이 강한 티몬은 앞으로 라이브 커머스 영역을 확대해 다양한 카테고리의 쇼핑 확대는 물론이고, 차별화된 서비스와 경쟁력을 선보일 것이다.

개인 방송 티비온 셀렉트

개인은 방송할 수 없었던 티몬에서 판매자와 구매자를 바로 연결해 소통할 수 있도록 플랫폼을 확장한 것이 티비온 셀렉트다. 티비온 라이브와는 다르게 별도의 세트장과 스태프, 고가의 장비 없이 티비온 셀렉트 앱을 설치하고 방송 시간을 사전에 등록하면 라이브 커머스 방송으로 제품을 판매할 수 있다. 구매자는 방송을 시청하면서 구매에 필요한 정보를 실시간으로 확인할 수 있고, 클릭

한두 번만으로도 제품을 편안하게 구매할 수 있다.

전문적인 티비온 라이브보다 개인 방송인 티비온 셀렉트가 더 유리한 상황이 있을 때가 있다. 예를 들어, 판매자가 버섯 농장을 한다고 가정해보자. 판매자는 직접 산지에서 버섯이 자라는 모습을 보여주며 얼마나 정성스럽고 깨끗한 환경에서 버섯이 재배되는지 전달하고 싶을 것이다.

물론 전문 스튜디오에 가져가서 홈쇼핑처럼 말로 설명하거나 영상으로 대처할 수도 있다. 그러나 산지 농장을 생생하게 라이브 방송으로 보여주고, 그것도 직접 키우는 생산자이자 판매자가 설명한다면 방송을 보는 사람은 더욱 신뢰감이 높아진다. 신뢰감이 높아지면 그것은 매출로 연결되고, 재구매율 또한 높아진다. 단골이자 충성고객이 많아진다는 뜻이다.

단골 20%가 매출 80%를 만든다는 말이 있다. 다른 광고에 집중하지 말고 방송에 들어온 사람들의 댓글에 집중하고 진심으로 소통하면 하나의 댓글이 수백 개가 되고, 그것으로 내일의 매출이 얼마만큼 높아질지는 정말 모르는 일이다. 단골이 단단해지면 라이브 커머스 방송의 비수기는 찾아오지 않는다.

배민 라이브

이제 배달 앱이 아니다!

배민(배달의 민족)은 얼마 전, 무려 11년 만에 앱을 개편했다. 배민이 이렇게 11년 만에 과감하게 개편 결정을 내린 것은 서비스의 성격이 조금씩 달라졌기 때문이다.

처음에는 배달 앱으로 시작했지만, 그동안 쇼핑 라이브, 선물하기, B마트 등의 새로운 서비스들이 추가되면서 사업이 확대되었다. 하지만 배민은 이 모든 서비스를 따로 분리하지 않고 기존의 음식 카테고리와 함께 배치해 메뉴처럼 보이게 사용하고 있었다. 배민의 메인 서비스는 배달이었기 때문이다.

그런데 이번 개편으로 배민은 배달뿐만 아니라 라이브 커머스 영역과 이커머스 영역에서도 확실한 존재감이 보이게 개편했다. 배민의 메인 중심 사업인 배달을 기준으로 쇼핑 라이브, 선물하기, 장보기를 내세워 배달 이외의 서비스에도 자신감을 드러냈다.

'개편'이라고 하니 분명 기존에 눈에 익었던 것과 달라 불편하지 않을까 생각하는 사람도 있을 것이다. 그래서 기존 화면과 개편된 화면을 비교해서 살펴보았다.

보통 배민에서 주문하는 유형은 두 가지로 나뉜다.

① 목적형 유형

이미 어떤 음식을 주문할지 정해둔 사람들이다. 목적형 유형은 검색할 때, 여러 번 클릭하면 효율이 떨어진다. 기존의 배민 앱은 검색창이 메인 화면에 바로 보이지 않았다. 하지만 앱이 개편되면서 메인 화면 상단에서 원하는 메뉴를 바로 검색할 수 있게 되었다. 목적형 유형이 검색을 위한 여러 단계를 거쳐야 하는 번거로움을 이번 개편을 통해 해소시킨 것이다.

② 탐색형 유형

앱에 머물면서 카테고리나 추천 메뉴, 할인 메뉴를 둘러보며 살펴보는 사람들을 말한다. 탐색형 유형에서 봤을 때, 이번 배민 앱 개편을 '잘했다'라는 생각이 드는 이유가 기존 앱의 느낌을 크게 바꾸지 않고 개편했다는 점이다. 배민을 사용하는 연령층은 20대가 가장 많지만, 1위 배달 앱이라는 타이틀처럼 여러 연령층에서 사용한다.

그렇기에 갑자기 급격한 변화나 개편은 보수적인 반응을 보이거나 사용에 어려움을 느껴 사용자의 피로감과 스트레스를 높일 수 있다. 이런 세심한 점까지 고려해 개편한 것으로 보인다.

배.쇼.라 (배달의 민족 쇼핑 라이브)

2021년 3월, 배달 앱 최초로 라이브 커머스 서비스를 시작하면서 첫 방송 한 달 만에 평균 시청자 수 4만 명을 넘겼다. 배민 쇼핑 라이브는 배달의 민족만 할 수 있는 다양한 콘텐츠를 구성해 라이브 커머스 방송을 진행한다.

예를 들면, 방송 중 구매한 상품권으로 곧바로 음식을 주문해 배달시킨 구매자와 영상 통화를 하는 콘텐츠와 사장님의 스토리, 먹방 등을 콘텐츠로 구성해 활발하게 실시간 소통하며 방송한다.

또한 배민스러움이 나타나는 B급 감성 콘텐츠와 센스 있는 네이밍으로 사람들의 눈길을 사로잡았다. 센스 있는 네이밍으로는 '해산물—싱싱해', '육류—고기에 진심인 편', '디저트류—당 떨어진다', '안주류—안주하는 삶', '반조리식품—요리 참 쉽죠?' 등이 있다.

그리고 음식을 더 먹고 싶게 만드는 요소도 도입했다. 맛집 인기 메뉴인 밀키트 제작 과정과 언박싱, 조리하는 방법을 짧게 영상으로 보여주거나 판매 제품을 활용한 다양한 레시피를 소개해 음식을 더 먹고 싶게 자극한다.

배민 쇼핑 라이브는 다른 라이브 커머스 플랫폼과는 확실히 다른 색깔과 독창성을 가지고 있다. 감성도 다르고 가지고 있는 강점도 다르다. 앱 전체를 개편한 만큼 배민 쇼핑 라이브가 앞으로 더 기대되며, 방송을 진행할 때 배민 쇼핑 라이브만의 탁월한 브랜딩과 제품 선정 프로모션도 기대된다.

라이브 커머스로 제품을 판매할 때, 요즘 유행하는 배민 쇼핑 라이브의 B급 감성이나 센스 있는 네이밍을 벤치마킹하는 것도 하나의 전략이 될 수 있다. 꼭 음식이나 식품이 아니어도 상관없다. 센스 있는 네이밍은 어떤 제품을 판매하더라도 기억에 오랫동안 남는다.

◆ 판매할 제품을 정하고 제품에 맞는 센스 있는 이름(별명) 짓기

기존 제품명	돈빨 받는 센스 있는 제품명
1.	1.
2.	2.
3.	3.

CHAPTER 6

기본 월 1,000만 원,
라이브 커머스 셀러의
돈빨 전략

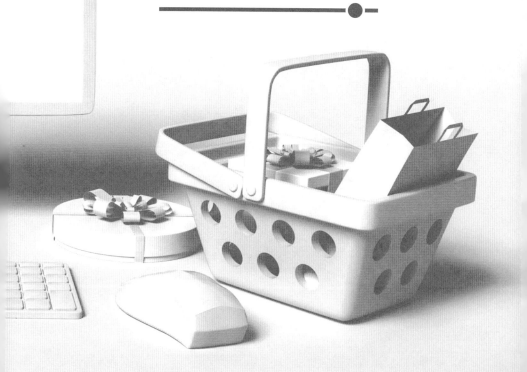

머리부터 발끝까지 HOT

카메라 마사지?

연예인들이 신인 때보다 예뻐지고 멋있어지면 "카메라 마사지 받았네"라고 이야기한다. 카메라 마사지는 방송에 자주 출연하고 카메라 앞에서 오래 활동하면, 처음보다 외모가 예뻐 보이거나 멋있어 보이는 현상을 말한다.

처음 방송에 나왔을 때는 알 수 없는 촌스러움과 어색함이 있다. 하지만 방송에 조금씩 노출이 되다 보면 촌스러움은 없어지고, 자기만의 이미지와 스타일을 찾아간다. 이것은 방송하고 모니터링을 하면서 화면에서 어떻게 보이는지 분석하고, 부족하다고 생각되는 부분은 채우고 장점인 부분은 더 살리기 때문이다.

이렇게 자신에게 맞는 이미지와 스타일을 좀 더 빨리 알 수 있는 한 가지 방법은 '퍼스널 컬러 진단'을 받아보는 것이다. 솔직히 몰라도 상관은 없겠지만, 방송을 할 때 자신에게 잘 맞는 컬러의 옷과 메이크업을 사용하면, 훨씬 좋은 이미지로 보일 수 있다.

군이 방송이 아니라도 평소 쇼핑을 할 때 자신에게 잘 어울리는 색을 안다면, 돈 낭비도 확실히 줄어들 것이다. 적어도 어중간하게 '어울릴 것 같은데…'라는 느낌으로 옷과 색조 화장품을 구매해서 사용하지 못하고 방치하는 일이 없어지니 말이다.

퍼스널 컬러 진단

퍼스널 컬러는 자신만이 가지고 있는 피부 톤과 헤어 컬러, 눈동자 컬러 등 신체 컬러를 분석해 진단 결과를 바탕으로 최상의 외모 연출과 이미지 메이킹을 할 수 있도록 도와주는 컬러 테스트다.

사람에게는 각자 타고난 신체 컬러가 있다. 봄 웜톤, 여름 쿨톤, 가을 웜톤, 겨울 쿨톤의 총 네 가지로 나눌 수 있다. 자신에게 맞는 컬러의 의상을 입고 메이크업을 하면 전체적인 혈색도 좋아 보이고 인상도 좋아 보인다.

반대로 자신에게 어울리지 않는 컬러의 의상과 메이크업을 했을 때는 생기도 없어 보이고 콤플렉스였던 부분들이 더 확연히 더 드러난다.

네 가지의 계절까지는 아니라도 자신이 웜톤인지, 쿨톤인지만 알아도 어울리는 컬러를 선택하고 연출할 때 많은 도움이 된다. 몇 가지의 간단한 셀프 테스트로 자신이 웜톤인지, 쿨톤인지 알 수 있다.

테스트	웜톤	쿨톤
1. 손목 테스트	정맥이 녹색이다.	정맥이 파란색, 보라색이다.
2. 립 테스트	오렌지 계열이 잘 어울린다.	핑크 계열이 잘 어울린다.
3. 네일 테스트	오렌지, 갈색, 녹색이 잘 어울린다.	레드, 핑크, 블루가 잘 어울린다.
4. 헤어컬러 테스트	브라운 컬러가 잘 어울린다.	블랙 컬러가 잘 어울린다.
5. 골드 or 실버 테스트	골드 계열의 액세서리가 잘 어울린다.	실버 계열의 액세서리가 잘 어울린다.
6. 야외 활동 테스트	햇볕에 어둡게 피부가 탄다.	햇볕에 피부가 빨갛게 익는다.

자신이 웜톤인지, 쿨톤인지 알았다면, 좀 더 구체적인 네 가지 계절로 컬러를 나눌 수 있다.

① 봄 웜톤

한국인의 많은 사람이 봄 웜톤의 피부색을 가지고 있다. 봄 웜톤인 사람은 사랑스럽고 생기 넘치며 귀여운 이미지로, 동안이라는 말을 자주 듣는다. 밝고 노란빛의 피부를 가지고 있고 눈동자는 밝은 갈색빛이다. 피부는 밝으면서 얇아서 주근깨 같은 잡티가 보이는 경우도 있다.

봄 웜톤에게는 복숭아 핑크, 오렌지 레드, 해바라기 노랑, 새싹 같은 초록 같은 싱그러운 컬러가 잘 어울린다.

② 여름 쿨톤

대체로 깨끗한 이미지를 가지고 있다. 여름 쿨톤인 사람은 자연스럽고 산뜻한 이미지이며, 화사하고 부드럽다. 핑크빛과 붉은빛이 자연스럽게 도는 혈색 좋은 피부톤을 가지고 있으며, 차분하고 깊은 갈색의 눈동자를 가지고 있다. 회갈색을 띠는 건조하고 얇고 부스스한 머리카락도 특징이다.

여름 쿨톤에게는 딸기 우유 핑크, 민트 그린, 라벤더 연보라 같은 시원하고 파스텔 블루 같은 안개가 낀 듯한 뿌옇고 부드럽게 보이는 컬러가 잘 어울린다.

③ 가을 웜톤

클래식하고 글램(glam)한 느낌과 포근하고 부드러우며 차분한 이미지를 가지고 있다. 가을 웜톤인 사람은 누르스름한 피부톤에 건강하고 윤기가 나는 피부를 가지고 있다. 눈동자는 짙고 깊이감이 있으며, 믿음을 주는 그윽함이 특징이다. 머리카락은 짙은 갈색빛을 가지고 있고, 굵고 윤기가 없고 볼륨이 있는 것이 특징이다.

가을 웜톤에게는 잘 익은 토마토의 빨강, 가을의 단풍, 가을의 황금색 벌판 같은 가을에 자연에서 볼 수 있는 컬러가 잘 어울린다.

④ 겨울 쿨톤

차갑고 강렬하며 이지적인 느낌을 지니고 있다. 깔끔하고 세련된 이미지를 가지고 있는 사람이 많다. 전형적인 모던한 스타일이며 도시적인 느낌이 있다. 겨울 쿨톤인 사람은 창백하고 투명한 피부톤과 눈동자는 푸른빛 또는 갈색빛의 눈동자가 많다. 푸른색이 도는 갈색 헤어 컬러나 아주 짙은 검은색의 헤어 컬러를 가지고 있는 것이 특징이다.

겨울 쿨톤에게는 와인레드, 레몬옐로, 아이스블루, 아이스핑크 같은 인공적이며 차갑고 강렬한 컬러가 잘 어울린다.

자신에게 어울리는 컬러를 알았다면, 방송을 할 때 활용할 수 있다. 꼭 의상이 아니더라도 어울리는 액세서리를 포인트로 착용할 수도 있고, 화면에서 보이는 뒤의 배경을 어울리는 컬러로 꾸밀 수도 있다.

다음은 퍼스널 컬러 진단과 관련된 나의 경험담이다.

네이버 쇼핑 라이브에서 방송하는 평소 좋아하는 쇼호스트가 있다. 그 쇼호스트의 방송을 자주 보는데, 어떤 날은 유독 예뻐 보이고, 어떤 날은 내가 좋아하는 그 사람이 맞나 싶을 정도로 다른 느낌을 주었다. 그 이유가 뭘까 생각해보니 자신에게 어울리는 컬러의 옷을 입었을 때, 유독 그 쇼호스트가 빛나 보였던 것이었다. 그럼 반대로 '나를 방송으로 보는 사람들도 나처럼 생각하지는 않을까?' 라는 생각이 불현듯 들었다.

그래서 평소 생각은 있었지만, 미뤄두었던 퍼스널 컬러 진단을 받아보기로 마음을 먹었다. 내가 일하는 트윙클 컴퍼니 대표님은 퍼스널 컬러 전문가로도 활발하게 활동 중이시다. 전문가를 옆에 두고도 제대로 된 퍼스널 컬러 진단을 받지 않고 있었던 것이었다.

결과는 충격적이었다. 예상과 전혀 다른 결과가 나왔기 때문이다. 퍼스널 컬러 진단을 받기 전까지 나는 내가 웜톤인 줄 알았다. 그런데 쿨톤이었다. 반반인 확률인 웜톤과 쿨톤조차도 틀렸던 것이었다. 그리고 계속해서 여러 가지 컬러의 천을 얼굴에 대보며 테스트했다. 신기하게도 나에게 맞지 않는 컬러를 대니 혈색도 좋아 보이지 않고 단점도 부각되어 보였다. 반면 나에게 잘 어울리는 컬러를 대면 같은 위치의 같은 조명이라도 얼굴이 화사하게 살아나는 것이 눈에 보였다.

진단 결과, 나는 겨울 쿨톤인 사람이었다. 나도 모르던 나의 퍼스널 컬러를 찾게 된 날이었다.

퍼스널 컬러 진단 테스트는 자기 신체 컬러에 대한 객관적인 시선이 필수다. 내가 어울리고 싶은 컬러나 원하는 톤이 아니라, 최대한 객관적으로 자연광에서 거울을 보며 테스트하는 것이 좋다. 나는 웜톤일까? 쿨톤일까? 웜톤이라면 봄일까, 가을일까? 쿨톤이라면 여름일까, 겨울일까? 자신의 퍼스널 컬러를 찾아보고 써보자.

나의 퍼스널 컬러

1. (웜톤, 쿨톤)

2. (봄, 여름, 가을, 겨울)

3. 어울리는 컬러 :

도저히 자신의 퍼스널 컬러를 제대로 찾지 못하겠다면, 반드시 전문가를 찾아가 보는 것을 추천한다. 한 번만 받아두면 옷이나 화장품을 살 때, 그리고 머리를 할 때도 "저 어떤 컬러가 더 잘 어울리나요?"라고 남에게 피곤하게 물어보는 일도 없어질 것이다.

음색의 맛

좋은 목소리는 대체 어떤 목소리일까?

라이브 커머스 방송을 잘하기 위해서뿐만 아니라 평소 사람들과 대화를 할 때, 그리고 직장에서 앞에 나가 프레젠테이션이나 회의를 진행할 때도 좋은 목소리를 가지고 있으면 유리하다. 그래서 많은 사람들이 좋은 목소리를 가지고 싶어 한다.

그런데 좋은 목소리는 대체 어떤 목소리일까? 라이브 커머스는 제품을 판매하는 방송이다. 이 때문에 라이브 커머스 방송을 할 때 신뢰감을 주고, 오래 방송을 들어도 편안한 목소리가 좋은 목소리다. 신뢰감 있고 편안한 목소리를 만들기 위해서는 복식호흡과 복식발성을 연습해야 한다. 복식호흡의 반대는 흉식호흡이다.

복식호흡과 흉식호흡의 차이는 간단하다. 복식호흡은 숨을 코로 마시고 코로 내쉰다. 그리고 상대방이 숨을 쉬는 줄 모른다. 흉식호흡은 숨을 입으로 마시고 입으로 내쉰다. 그리고 숨을 쉬는 것을 소리가 들리기 때문에 상대방이 안다.

그럼 공기 구슬 복식호흡법과 편안한 목소리를 위한 공명 발성법을 알아보자.

① 공기 구슬 복식호흡하기

- 코로 숨을 들이마신다. 이때 공기 구슬 열 개가 들어간다고 생각하고 10초간 배가 부풀어 올라야 한다.
- 코로 숨을 내쉰다. 이때 균일하게 공기 구슬 열 개가 다시 나와야 한다. 열다섯 개가 나오면 더 좋다. 10초 이상 배가 들어가야 한다.

복식호흡을 할 때 주의 사항은 공기 구슬이 들어가고 나오고 할 때 걸리지 않게 어깨나 가슴이 들려서는 안 된다.

② 편안한 목소리를 위한 공명 발성

– 입술을 가볍게 붙이고 위아래 어금니는 뗀 상태로 사탕을 하나 물었다고 생각한다.

– 복식호흡으로 숨을 들이마신다.

– 편안하게 허밍을 해본다.

– 목 안쪽의 울림이 아닌, 입과 코 주변의 울림을 느껴본다.

(허밍으로) 음~~~ 아~~~

음~~ 아~~ 가~~ 게~~ 기~~ 고~~ 구~~

음~~ 아~~ 나~~ 네~~ 니~~ 노~~ 누~~

음~~ 아~~ 다~~ 데~~ 디~~ 도~~ 두~~

음~~ 아~~ 라~~ 레~~ 리~~ 로~~ 루~~

음~~ 아~~ 마~~ 메~~ 미~~ 모~~ 무~~

발음이 정확해야 방송이 산다

발음을 정확히 하기 위해서는 자음보다 모음에 더 집중해서 연습해야 한다. 발음을 정확하게 하고 싶어서 보이스 트레이닝을 받으러 간 적이 있었다. 그때 다음 페이지의 표를 가지고 복식호흡과 총을 쏘듯이 짧게 끊는 스타카토 발성을 이용해 연습했다. 연습할 때 입술이 게으르면 안 된다. 입술을 바쁘게 부지런히 움직이는 것이 중요하다.

③ 발음 연습하기

복식호흡이나 발음은 하루아침에 뚝딱 고쳐지고 만들어지지 않는다. 원리와 방법을 알았다면, 일상생활에서 말을 할 때도 연습이고 훈련이라 생각해 늘 의식하며 몸으로 자연스럽게 익히는 습관을 들이는 것이 중요하다.

이렇게 평소 말하는 습관을 바꾸면 실제 방송할 때도 몸에 배어 있던 좋은 습관들이 나와 자연스럽게 물 흐르듯이 술술 말을 할 수 있을 것이다.

모음 / 자음	ㅏ	ㅑ	ㅓ	ㅕ	ㅗ	ㅛ	ㅜ	ㅠ	ㅡ	ㅣ
ㄱ	가	갸	거	겨	고	교	구	규	그	기
ㄴ	나	냐	너	녀	노	뇨	누	뉴	느	니
ㄷ	다	댜	더	뎌	도	됴	두	듀	드	디
ㄹ	라	랴	러	려	로	료	루	류	르	리
ㅁ	마	먀	머	며	모	묘	무	뮤	므	미
ㅂ	바	뱌	버	벼	보	뵤	부	뷰	브	비
ㅅ	사	샤	서	셔	소	쇼	수	슈	스	시
ㅇ	아	야	어	여	오	요	우	유	으	이
ㅈ	자	쟈	저	져	조	죠	주	쥬	즈	지
ㅊ	차	챠	처	쳐	초	쵸	추	츄	츠	치
ㅋ	카	캬	커	켜	코	쿄	쿠	큐	크	키
ㅌ	타	탸	터	텨	토	툐	투	튜	트	티
ㅍ	파	퍄	퍼	펴	포	표	푸	퓨	프	피
ㅎ	하	햐	허	혀	호	효	후	휴	흐	히

시그니처 오프닝 클로징

오프닝 막막할 땐, 이 공식을 써봐!

오프닝은 아주 중요하다. 방송의 콘셉트를 알리는 부분이자 쇼호스트의 이미지, 그리고 상품의 이미지와 함께 이 방송을 봐야 하는 이유를 알리는 시작점이기 때문이다.

오프닝의 정해진 틀이나 멘트가 있는 것은 아니다. 하지만 첫인상이 중요한 만큼 그날 판매하는 제품이 가장 좋은 제품이고 구성과 조건, 이벤트가 좋다는 확신에 찬 자신감 있는 모습으로 시작하는 것이 좋다.

라이브 커머스 방송 특성상 동시에 여러 방송이 진행되기 때문에 방송에 들어오는 사람들의 관심과 흥미, 그리고 여러 사람이 공감을 가질 수 있을 만한 가벼운 주제로 이야기를 시작하는 것이 좋다. 하지만 말처럼 쉬운 일은 아니다. 막상 방송을 시작하면 무슨 말을 먼저 꺼내야 할지 입이 떨어지지 않고 말문이 턱 막히는 경우가 있다.

그래서 오프닝의 세 가지 형태를 준비했다.

① 스탠다드 오프닝
주위 환기 + 구매자의 니즈(구매자의 문제 상황) + 해결 방안(판매하는 제품이 주는 혜택)

> 매일 밤이면 저를 가슴 설레게 했던 아이와 이제 이별을 하려고 합니다. 오늘 밤부터 만나지 못한다고 생각하니 벌써 눈물이 나네요. 그럼 이 우울한 감정을 어떻게 달래야 할까요? 새로운 설렘을 찾는 것입니다. - 주위 환기
>
> 여름이 다가와 야식을 그만 이별하고 싶은데 매일 밤 생각나서 잘 끊어지지 않으시나요? - 구매자의 니즈
>
> 마시고 나면 포만감 때문에 야식이 생각나지 않는 오곡 셰이크, 야식 끊고 날씬해진 나의 모습을 상상하며 가슴 설레게 만드는 오곡 셰이크를 소개합니다.
> - 해결 방안

```
┌─────────────────────────────────────────────┐
│                                             │
│          시그니처 스탠다드 오프닝 만들기          │
│                                             │
│                                             │
│  • 주위 환기 :                                │
│                                             │
│                                             │
│                                             │
│                                             │
│  • 구매자의 니즈 :                             │
│                                             │
│                                             │
│                                             │
│                                             │
│  • 해결 방안 :                                │
│                                             │
│                                             │
│                                             │
└─────────────────────────────────────────────┘
```

② 문제 상황 제시 오프닝

문제 상황 + 문제 상황 + 문제 상황 + 해결 방안(판매하는 제품이 주는 혜택)

매 여름에 친구들과 바닷가에 비키니를 입고 놀러 가기로 했는데 /문제 상황/ 밤마다 야식은 생각이 나고 /문제 상황/ 야식을 안 먹으니 배가 고파서 잠도 안 오고 /문제 상황/ 이럴 때 야식보다 가벼우면서 맛있고 건강한 제품이 있으시다면 어떠세요? 야식을 끊으시고 건강하고 날씬한 몸을 원하신다면, 오늘 소개할 오곡 셰이크 집중해주세요. /해결 방안

시그니처 문제 상황 제시 오프닝 만들기

• 문제 상황 1 :

• 문제 상황 2:

• 문제 상황 3:

• 해결 방안 :

③ 이벤트 정리 오프닝

제품 소개 + 가격 + 구성 + 이벤트 정리

식사 대용 오곡 셰이크 필요해서 구매하려는데, 어디가 가격이 제일 좋을까?
-제품 소개

오늘 단 1시간, 라이브 방송 중에만 원래 정상가 2만 원인 제품을 라이브 특가로 1+1 이벤트에 무료배송 혜택까지 진행 중입니다. 선물 같은 대박 찬스 놓치지 마세요. **-가격 · 구성 · 이벤트**

시그니처 이벤트 정리 오프닝 만들기

• 제품 소개 :

• 가격 · 구성 · 이벤트 :

구매 완료하게 만드는 클로징

라이브 방송에서 방금까지 방송을 보고 있었던 사람도 언제 방송을 나갈지 모른다. 그래서 1시간 동안 말했던 내용을 알아듣기 쉽게 다시 한번 정리해주는 것이 중요하다.

즉, 라이브 방송에서만 만날 수 있는 가격과 구성, 이벤트, 제품의 설명, 모든 것들을 다시 한번 되짚어준다. 마지막까지 고민하며 구매 결정을 못 한 사람들에게 지금 꼭 사야만 하는 이유를 제시하며 구매 결정할 수 있도록 만들어야 한다. 또 다음 방송이 예정되어 있다면, 다음 방송에서 판매할 제품 및 날짜와 시간을 예고하는 것도 잊지 말아야 한다.

모바일 쇼호스트 강의를 할 때도 항상 마무리까지 정확히 하라는 것을 강조한다. 하지만 뭐가 그렇게 바쁜지 실컷 공들여서 방송해놓고 마무리 클로징을 대충해버리는 경우가 많다. 마지막까지 긴장을 놓지 말고 확실한 클로징 마무리가 중요하다.

판매할 제품의 가격과 구성, 이벤트, 제품의 설명을 정리해 나만의 클로징을 만들어보자.

시그니처 클로징 만들기

- 가격 · 구성 · 이벤트 · 제품의 설명 정리

- 다음 방송에 판매할 제품 / 날짜 · 시간 예고

인성이 재산이다

―――――●―

안 될 사람

라이브 커머스 강의를 하면서 다양한 안타까운 사례를 많이 보게 된다. 그중 가장 안타까운 사연은 "다른 사람들은 다 잘되는데 나는 왜 안 되지?"라는 말을 하시는 분이었다.

같은 제품을 똑같은 가격에 판매해도 지인이 판매하는 제품은 날개 달린 듯이 판매되는 반면, 자신은 판매가 되지도 않고 모바일 쇼호스트 활동도 잘 안 된다며 한숨을 푹 쉬며 나를 찾아왔다. 나는 그분에게 말했다. "혹시 가장 중요한 것을 잊으신 것은 아니실까요?" 나의 예상대로 그분은 가장 중요한 것을 잊고 있었다. 그것은 바로 인성이다.

앞에서 설명한 제품을 돋보이게 세팅하는 법, 셀링 포인트, 퍼스널 컬러, 보이스 트레이닝 등은 인성을 갖췄다는 전제에서 잘되는 방법을 써둔 것이지, 인성이 없으면 잘될 수 없는 시스템이다. 인성을 갖추지 않고서는 그 어떤 것도 소용이 없다. 라이브 커머스에서만 그런 것이 아니다. 대한민국에서 어떤 일을 하더라도 인성이 전제되어 있지 않으면 '안 될 사람'이다.

그렇다면 안 될 사람 네 가지 유형에 대해 알아보자.

첫째, 돈이 최우선인 사람은 라이브 커머스를 시작하면 안 된다.

자신의 이익과 실적을 위해서 자신의 방송에 찾아온 소중한 단골을 기만하고 모든 사람을 돈으로 보는 셀러는 절대로 오래갈 수가 없다. 그런 셀러들은 때문에 요즘 유행하는 OO충, OO팔이라는 신조어까지 생겼다. 그런 셀러는 '단골들은 내가 파는 제품을 사는 사람이고, 나의 수익의 일부가 될 수 있다'라고 생각한다.

아무 거리낌 없이 단골들에게 제품력 없는, 이른바 싸구려 제품을 과대 포장해서 멀리 내다보지 않고 당장 눈앞의 이익만을 생각해서 제품을 판다. 이런 식으로 제품을 구매하는 사람들을 속이고 기만해서는 안 된다.

둘째, 정신 승리하는 사람은 라이브 커머스를 시작하면 안 된다.

'내가 방송 판매 수익이 낮은 이유는 다른 셀러보다 정직하기 때문이야', '판매를 잘하는 셀러는 다 사기꾼이지 뭐', '내가 판매를 못 하는 이유는 운이 없어서야. 많이 판매하는 사람들은 다 운이지 뭐. 매출은 결국 다 운이잖아'라고 생각하는 사람들은 잘되면 내 탓, 안 되면 세상 탓을 한다.

이런 사람들은 자신은 완전히 무결점한 사람이라고 생각하며, 뭘 하더라도 남의 탓을 한다. 제발 핑계 대면서 정신 승리 그만하고 해결할 수 있는 방법을 찾아야 한다.

셋째, 비즈니스 개념이 없는 사람은 라이브 커머스를 시작하면 안 된다.

'정직하게 꾸준히 방송하면 성공할 거야', '언젠가는 구매자들이 나의 진가를 알아봐줄 거야', '지인이니까 무조건 내 방송에서 사줄 거야', ' 비싸게 파는 건 나쁜 거야' 이렇게 동화에서 나올 것 같은 순수한 생각으로 라이브 커머스 방송을 하면 안 된다.

어떤 사람이 방송에서 자신이 판매하고 싶은 제품은 보통 라이브 커머스에서 판매하는 제품들보다 고가의 제품인데, 자신은 마음이 여리고 착해서 이것을 방송에서 사라고 말을 하지 못하겠다며 나에게 조언을 구했다.

나는 그분께 이렇게 말씀드렸다. "그럼 싼 제품을 판매하시는 분은 다 착한 분이고, 비싼 제품을 판매하는 분은 다 나쁜 분인가요? 그럼 명품을 판매하시는 분들은 다 나쁜 분들일까요?"라고 말씀드리니 그분은 그제야 뭔가 알겠다는 표정으로 고개를 끄덕이셨다. 가치의 또 다른 이름은 가격이다. 적어도 라이브 커머스로 판매를 하려면 이런 기초적인 개념은 알고 있어야 한다.

넷째, 부정적인 이유를 찾는 사람은 라이브 커머스를 시작하면 안 된다.

계속해서 안 되는 이유, 부정적인 이유를 찾는 사람들이 있다. 이런 사람들은 방송을 잘하는 사람을 보고도 배울 생각이 전혀 없다. '사기 치는 거야', '꼼수가 있어', '얼마 못 가', '나는 나이가 많아서…', '경기가 안 좋아서…' 등 안 되는 이유를 수백 가지 찾고 또 만든다.

'나이가 많고 안 예뻐서 방송이 안 된다'라고 이야기하는 사람들이 많다. 자신이 나이가 많고 외모에 자신이 없어 방송이 안 된다고 생각한다면, 라이브 커머스를 시작하면 안 된다. 나이와 외모가 걸려서 어차피 안 되는데 방송을 잡고 있을 이유가 없다. 라이브 커머스 방송을 하는 데 나이와 외모는 전혀 걸림돌이 되시 않지만, 자신이 그게 안 되는 이유라고 생각하면 이유만 찾을 것이 아니라 해결 방법을 찾아야 한다.

직업에는 귀천이 없다는 말이 있다. 하지만 인성이 갖춰지지 않으면 귀천이 생긴다. 라이브 커머스는 현시대에서, 그리고 1인이 오피스리스로 할 수 있는 가장 큰 사업이다. 시간적 여유를 즐기면서 즐겁게 N잡러로 일할 수 있다. 하지만 그만큼 어려운 일이다. 인성이 갖춰져 있지 않으면 멋진 길이지만, 당신의 길은 아니니 잘 판단하고 라이브 커머스 시장에 뛰어들어야 할 것이다.

이벤트 충을 팬으로 만든다

진상 구매자 없이는 단골 구매자도 없다

모든 구매자가 다 같은 구매자는 아니다. 구매자는 여러 유형이 있다. 그중 하나는 진상 구매자다. 그런데 중요한 것은 이런 진상 구매자와 일반 구매자가 없이는 단골도 없다는 사실이다. 내 라이브 방송에서 한두 번 제품을 구매한 일반 구매자가 매번 내가 하는 방송을 기다려 제품을 구매하는 단골이 되게 하려면, 다음 단계로 넘어가는 노력을 하는 것이 중요하다.

셀러는 좋은 제품으로 열심히 방송하는 것도 중요하지만, 방송을 보는 사람들을 만족시켜야 한다. 만족시키기 위해서는 먼저 방송을 보는 잠재적 구매자들과 일반 구매자들을 알아야 한다. 어떤 셀러는 이렇게 말할 것이다. "방송을 보는 구매자들은 다 똑같은 걸 원해요. 가격 좋고, 제품 좋고, 구성 좋은 것을 원해요."

하지만 이걸 다 만족을 시키려면 셀러는 방송으로 아무리 판매를 해도 남는 것이 하나도 없을 것이다. 단골을 만들기 위해서는 방송을 보는 사람들이 어떤 것에 관심이 있는지를 알아야 하고, 그것을 얻기 위해서 관계를 만들어야 한다. 그러기 위해서는 그들의 데이터가 많이 필요하다. 연령층이 어떤지, 어디에 사는지, 어떤 제품이 필요한지를 방송 중간중간 소통을 하며 자연스럽게 질문해 실질적으로 필요하고 중요한 것을 알아두어야 한다.

여기서 관건은 '이 사람은 이래서 안 살 거야', '이 사람은 이렇게 말했으니 살 거야'라고 댓글만으로 섣불리 판단해서는 안 된다는 것이다. 계속 마케팅을 해서 새로운 사람을 방송으로 유입시키는 것도 중요하지만, 내 방송에 가끔 들어오는 사람을 그다음 단계인 단골로 올라갈 수 있도록 방송에 들어오는 진상 구매자도, 일반 구매자도, 그리고 잠재적인 구매자도 다 알아야 한다.

Loyalty? Royalty?

충성도를 영어로 하면 '로열티'다. 이때 로열티는 'Loyalty'일까? 'Royalty'일까? 갑자기 이렇게 질문을 하면 헷갈릴 수도 있다. 정답은 전자의 'Loyalty'로, 충성도를 나타내는 단어다. 그럼 'Royalty'는 무엇일까? 이 단어의 뜻은 왕권, 위엄을 나타내며, 내가 가지고 있는 특허권 저작권 같은 것을 사용할 때 쓰는 단어다.

예를 들어, 비슷한 디자인의 S사 제품과 A사 제품이 소송이 붙었을 때는 Royalty다. 그런데 S사의 충성하는 사람들의 비율이 높은가? 아니면 A사의 충성하는 사람들의 비율이 높은가? 이것은 Loyalty다. 그럼 이 두 단어는 어떤 관계가 있는 걸까?

왕권과 위엄을 나타내는 Royalty가 높으면 충성도를 나타내는 Loyalty도 높을 확률이 높다. 그런데 왕권을 뜻하는 Royalty가 높지 않은데, 충성도를 뜻하는 Loyalty가 높을 확률은 거의 없다. 그래서 셀러는 왕권과 위엄을 나타내는 Royalty를 가지고 Loyalty를 끌어모을 생각을 해야 한다. Royalty라는 자존감과 자신만의 브랜드를 중심으로 구매자들을 끌어야 한다.

그럼 구매자들은 바로 Royalty의 충성도를 가지게 되는 것이다.

셀러를 따르게 만드는 것은 굉장히 중요하다. 따르는 수가 몇 명인지는 중요하지 않다. '충성 구매자가 셀러를 얼마나 어떻게 따르고 있는가?'로, 양보다 질이 중요하기 때문이다. 그럼 '제품을 싸게 판매하면 충성도가 높아지고 팬이 생길까?' 꼭 그렇지는 않다. 그렇다면 '믿을 만한 좋은 제품을 판매하면 충성도가 높아지고 팬이 생길까?' 이것도 아니다.

그럼 라이브 커머스 방송에서 충성도는 어떻게 해서 높아지고, 진짜 팬은 어떻게 생기는 걸까?

성장하는 과정을 소통해라

오디션 프로그램에 나오는 가수들이나 유명하지 않은 유튜버들을 좋아하고 응원하는 이유는 그들이 실력이 좋아서가 아니다. 그들이 목표를 이루기 위해서 노력하고 발전하는 과정을 보며 신뢰감을 얻고 팬들도 함께 성장해나가는 것이다.

마찬가지로 진정한 단골과 팬을 만들 때는 완성된 모습으로 단골과 팬을 만드는 것보다는 미숙하지만 앞으로 라이브 커머스 방송을 하며 노력하고 발전하는 과정을 공유해야 한다. 방송하기 위해서 내가 어떤 것을 준비하고 있고, 어떤 것을 노력하며, 어떤 것을 진행하는지, 이 모든 과정을 함께 공유하면서 꾸준히 방송하면, 이것을 지켜본 사람들은 내가 지금보다 발전된 셀러가 되었을 때 내 방송의 단골, 진정한 팬이 되어 있을 것이다.

철저함

_____●_

철저함이 밥 먹여준다

냉철한 머리로 판매할 제품을 준비하고 따뜻한 마음으로 라이브 방송에서 사람들과 소통한다면, 라이브 커머스 방송도 결국은 인간관계이기 때문에 통할 수밖에 없다. 라이브 커머스 방송뿐만 아니라 어떤 일을 하더라도 이러한 자세는 서로의 관계를 끈끈하고 두텁게 만든다.

라이브 커머스 방송을 할 때 철저하게 해야 하는 네 가지가 있다.

첫째, 철저하게 미리 준비하는 습관을 길러야 한다.

준비하는 습관을 몸에 지니고 있는 사람은 준비하지 않는 사람보다 부지런하다. 이미 부지런함이 가지고 있는 에너지 자체가 긍정적인 에너지다. 이렇게 미리 부지런히 준비해서 방송을 진행하면 마음이 불안하지 않다.

셀러가 방송 준비를 제대로 하지 못해 마음이 불안하고 흔들리면 얼굴 표정과 말투에서 고스란히 묻어난다. 자신감 없이 흔들리는 표정과 눈빛으로 판매하는 셀러에게 사람들은 신뢰감이 떨어질 것이고, 판매까지 이뤄지기가 사실상 불가능하다.

제품을 구매하는 구매자들은 자신이 선택하고 구매하는 제품에 대해서 확신을 받고 싶어 한다. 이때 구매 결정을 잘했다는 타당한 이유를 미리 준비해 여유 있게 설명하면, 제품에 대한 믿음뿐만 아니라 셀러에 대한 믿음까지 생긴다.

어떤 일이든 미리 준비하면 마음의 여유가 생긴다. 여유가 생기면 침착해지고, 이 침착함과 여유가 화면 너머 방송을 보는 사람들에게는 자신감 넘치게 보일 수 있다. 이 모든 것은 철저히 준비하는 습관에서 나오는 것이다. 마음 깊숙한 곳에서 나오는 자신감은 구매자들에게 확신을 주고 라이브 방송으로 보는 사람들의 구매 결정을 고민 없이 일사천리로 하게 만든다.

하지만 사전에 철저히 준비되어 있지 않으면 예상치 못한 작은 돌발 상황에서도 멘털이 무너지고, 그로 인해 더 많은 돌발 상황을 만들어낸다. 철저하게 준비한 만큼 멘털도 강해진다. 그러니 끊임없이 철저하게 미리 준비해 만반의 준비태세를 갖추고 라이브 방송을 켜는 것이 좋다.

둘째, 철저하게 전문가가 되어야 한다.

판매하는 제품과 서비스에 대해 전문가가 되어야만 구매자에게 확신을 줄 수 있다. 전문가가 되기 위해서는 시간과 노력을 투자해야 한다. 셀러가 자신이 판매하는 제품을 잘 알지 못하면 진심으로 제품이 좋다고 간증하듯이 설명할 수가 없다.

방송에서 제품을 설명할 때 구매자의 용어로 설명한다면 효과는 배가 될 것이다. 있어 보이는 어려운 전문용어가 아니라, 구매자가 알아듣기 쉽게 눈높이를 맞춰 이야기하면, 더 빨리 이해가 되고 바로 와 닿기 마련이다.

셋째, 철저하게 약속을 지켜야 한다.

약속은 방송 시간뿐만 아니라 방송 중에 했던 이벤트 내용과 제품을 받아볼 수 있는 날짜까지 모든 약속을 철저하게 지켜야 한다. 약속을 지키는 것은 기본 중의 기본이다. 나의 상황이 달라졌다고 해서 했던 약속을 손바닥 뒤집듯이 뒤집기 시작하면 순간적으로는 편해질 수 있으나 결국에는 이것이 모여 큰 기회가 왔을 때 자기의 발목을 잡게 된다. 지키지 못할 약속을 하는 것은 결국 방송을 보는 잠재적 구매자와 이미 제품을 구매했던 구매자들의 등을 돌리게 만들 뿐이다.

넷째, 철저히 나만의 매력을 찾아야 한다.

매력이라고 이야기하면 여자는 예뻐야 하고, 남자는 잘생겨야 한다는 생각에 빠지기 쉽다. 그런데 매력이라고 하는 것은 꼭 외적인 것만 이야기하는 것이 아니다. 매력은 마음 깊숙이 자신감이 충분할 때 나온다. 자신감이 충분하면 자연스럽게 어깨가 펴지고 확신에 찬 표정과 눈빛으로 방송을 할 수 있다.

평소에 내가 어떤 것이 잘 어울리고 무엇을 했을 때 잘한다고 하는지 주위에서 하는 말도 흘려듣지 말고 귀담아들을 필요가 있다. 나도 모르는 나만의 매력을 주위 사람들은 이미 알고 있을 수도 있으니 말이다. 사람마다 적어도 분명 하나씩은 매력을 가지고 있다. 자신이 매력이 없다고 느끼는 사람은 아직 발견하지 못했을 뿐이다. 남들과는 다른 자신만의 매력을 찾아 발전시키면, 분명 성공한 셀러가 될 수 있을 것이다.

주관적인 자신의 생각이 아닌, 객관적인 자신의 매력을 알고 싶다면, 주변 지인 세 명에게 자신의 매력 세 가지씩을 물어보자. 분명 도움이 되는 피드백이 올 것이다. 그리고 잊지 않도록 기록해두자.

타인이 말하는 나만의 매력

1. 매력을 말해준 사람 :
-그가 말하는 나의 매력

①

②

③

---

2. 매력을 말해준 사람 :

-그가 말하는 나의 매력

①

②

③

3. 매력을 말해준 사람 :

-그가 말하는 나의 매력

①

②

③

월 1,000만 원,
돈빨 마인드는 따로 있다

뭘 해도 잘되는 셀러가 있다

학교 다닐 때 열심히 공부하지 않는 것 같은데, 성적이 좋은 친구를 본 적이 있을 것이다. 사회에 나와서는 그다지 열심히 일하지 않아 보이는데, 뭘 해도 항상 좋은 결과를 만들어내는 사람들도 보았을 것이다. 그 사람들은 어떤 능력이 있길래 이런 좋은 결과를 만들어내는 것일까?

일단, 뭘 해도 잘되는 사람들의 네 가지 특징을 알아보자.

첫째, 결심을 공개적으로 선언한다.

목표한 것이 있거나 할 일이 생기면, 이것을 혼자 생각만 하는 것이 아니라 사람들에게 공개적으로 선언한다. 자기가 생각한 일이나 목표를 타인에게 공개적으로 이야기할 경우, 번복하기 힘들다는 것을 이 사람들은 잘 알고 이해하고 있다. 그래서 의도적으로 외부의 힘을 이용해서 자기를 통제한다.

반면, 일반 사람들은 목표를 세우더라도 혼자 마음속으로만 다짐한다. 혹시나 다짐한 목표를 이루지 못하더라도 누구 한 명 비난할 사람이 없어 항상 다짐으로만 끝나거나 며칠 실천하지 못하고 끝나는 경우가 많다.

공개 선언 효과(Public Commitment Effect)에 관한 유명한 실험이 있다. 심리학자 스티븐 헤이스(Steven C. Hayes)는 목표 공개에 따라 학생들의 성적에 어떤 변화가 있는지에 관해 실험을 했다. 먼저 학생들을 세 그룹으로 나눈 후, 1번 그룹은 자신이 받고 싶은 목표 점수를 다른 학생들에게 공개하게 했다. 2번 그룹은 받고 싶은 목표 점수를 마음속으로만 생각하게 했고, 3번 그룹은 목표 점수를 물어보지도 않았다. 그 결과, 자신의 목표 점수를 공개했던 1번 그룹은 2번, 3번 그룹보다 확실히 차이가 나게 점수가 높았다.

이처럼 사람들은 말이나 글로 자기의 결심이나 생각을 공개하면 끝까지 그 생각을 유지하는 경향이 있는데, 이를 '공개 선언 효과'라고 한다.

둘째, 당장 행동한다.

위대한 성취는 행동해서 이뤄지고, 실천하지 않으면 아무것도 달라지지 않고, 아무 일도 일어나지 않는다는 것을 잘 알고 있다. 성공한 사람들은 대부분 새롭게 구상한 일이 있으면 24시간 이내에 무엇인가를 실행한다고 한다.

반면, 일반인들은 당장 할 수 있는 일도 뒤로 미루고 굳게 마음먹은 일도 이런저런 이유와 핑계를 대면서 회피해버린다. 오늘부터 어떤 결심이 섰다면, 내일로 미루지 말고 24시간 안에 바로 행동하는 습관을 길러보는 것이 좋을 것이다.

셋째, 부담스럽지 않게 작게 시작한다.

어떤 일을 처음 시작할 때 너무 어려워서 제대로 할 수 없을 것이라고 미리 겁을 먹는 경우가 있다. 그래서 보통 사람들은 해보지도 않고 꿈을 포기해버리는 경우가 많다.

반면, 뭘 해도 잘되는 사람들은 아무리 어려운 일이라도 당장 자기가 할 수 있는 작은 일이라도 찾아서 하려고 노력한다. 결국, 작은 일이 모여 모두가 불가능하다고 했던 큰일을 이뤄내고야 만다. 작은 일 하나를 행동으로 옮기고 일이 해결되면 점차 자신감도 생긴다.

살아가다 보면 아무리 큰일이라도 우선 시작하면 그다음부터 는 생각보다 쉽게 풀리는 경우가 많다. 의욕이 없는 일이라도 어떤 일을 시작하면, 대뇌의 측좌핵 부위가 자극되기 시작하면서 점차 일에 집중할 수 있게 된다. 도저히 엄두가 나지 않는 일이 있다면 지금 당장 할 수 있는 작은 일부터 시작해보는 것이 좋다.

넷째, 자신을 기록한다.

자신의 활동을 글로 기록하는 사람은 기록하지 않는 사람보다 목표를 이룰 확률이 높다고 한다. 그 이유는 누군가의 행동을 관찰하거나 기록하기만 해도 사람들의 행동이 달라지기 때문이다. 이것을 심리학에서는 '반응성 효과'라고 한다.

이 반응성 효과를 유도하기 위해 자신의 행동을 관찰하고 기록해 행동을 고쳐가는 기법이 있는데, 이것을 '자기 감찰 기법(Self-Monitoring Technique)'이라고 한다. 뭘 해도 잘되는 사람은 이런 기법을 활용해 시간 관리, 운동, 저축 등 좋은 습관을 늘리고 좋지 않은 습관은 줄여나간다. 일단 기록하게 되면 자신의 행동을 관찰할 수 있고, 쌓인 기록을 가지고 더 나은 전략을 세울 수도 있다. 성공한 사람들이 열심히 기록하는 이유도 바로 여기에 있다.

세상에는 적게 일하면서도 더 많은 것을 이루는 사람들이 분명 있다. 뭘 해도 잘되는 사람들의 네 가지 특징을 라이브 커머스 셀러로 활동할 때 활용해서 뭘 판매해도 되는 '잘되는 셀러'로 성공하길 바란다.

돈빨 받는 6가지
라이브 커머스 시크릿 노트

제1판 1쇄 2021년 12월 17일

지은이   육은혜
펴낸이   서정희   펴낸곳   매경출판(주)
기획제작   ㈜두드림미디어
책임편집   최윤경, 배성분   디자인   얼앤똘비악earl_tolbiac@naver.com
마케팅   강윤현, 이진희, 장하라

매경출판㈜
등록 2003년 4월 24일(No. 2-3759)
주소 (04557) 서울시 중구 충무로 2(필동1가) 매일경제 별관 2층 매경출판㈜
홈페이지 www.mkbook.co.kr
전화 02)333-3577
이메일 dodreamedia@naver.com
인쇄·제본 ㈜M-print 031)8071-0961
ISBN 979-11-6484-341-1 (03320)

책 내용에 관한 궁금증은 표지 앞날개에 있는 저자의 이메일이나 저자의 각종 SNS 연락처로
문의해주시길 바랍니다.